非常师生
孔子和他的弟子们

石毓智 著

商务印书馆
The Commercial Press

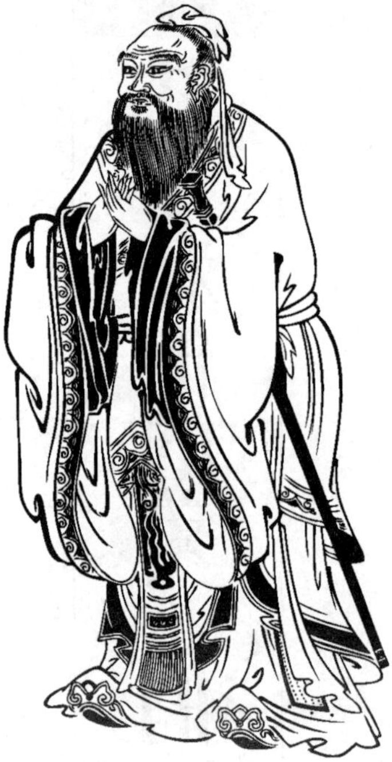

一个史上最伟大的老师，一群史上最出色的学生，他们的言行被后世读书人奉为千古经典。然而，在儒家思想的创造过程中，孔子和他的弟子各扮演了什么角色？假如没有这批优秀的学生，还会不会有这位中华民族的圣人？弟子有被贬、被骂、被讽刺挖苦甚至被开除学籍的，他们为什么始终对老师痴心不改？隐士骂孔子，孔子却敬隐士，个中的真谛是什么？孔子颠沛流离十四年，累累若丧家之狗，真正的原因是什么？孔子所创办的教育代代相传，影响力远远超过任何帝王，它靠的是什么？

本书以翔实的史料、科学的质疑、人性的视角，为我们重新解读孔子和他弟子们的成功秘诀。

序

"天不生仲尼，万古如长夜。"孔子毕竟来了，带来了文明之光，还带来了紧随他身后的七十子之徒。没有孔子，当然不会有七十子之徒，但是，没有七十子之徒，又何尝有孔子？《庄子·渔父》篇曾经描述过这样动人的场景：

孔子游乎缁帷之林，休坐乎杏坛之上，弟子读书，孔子弦歌鼓琴。

这是令人心仪的场景。这是孔子个人的生活，也是人类的心灵生活；这是孔子个人的场景，也是一个民族的场景，这是一个发生在春秋后期的某一瞬间的场景，却也是历史的、永恒的场景……

正因为它是人类的心灵生活，且是永恒的场景，所以，千百年来，人们总是心仪于这样的场景，反复回味这样的场景，甚至想复原和置身、享受这样的场景。于是，我们看到，孔子以后，很多人都学着他办私学，师徒递相传授，这是传承文化，又何尝不是在复制孔子的那种令人羡慕的生活方式。孟子说人生的三大快乐，其中之一就是"得天下英才而教育之"，这正是他向慕孔门师徒问学切磋其乐融融，感慨系之的表现。而上引庄子的文字，对孔子与弟子问学场景的充满诗意的想象中，不也满溢着他对于这种境界的无比向往。

其实，描述、记录，甚至虚构孔门师徒事迹与言行的文字，充塞于孔子以后的诸子著作中。孔门师徒的生活、教学场景，成为一个民族的集体记忆，一个民族的文化情结。司马迁作《史记》，写完《孔子世家》，还一定要再来一篇《仲尼弟子列传》，魏王肃编《孔子家语》，不仅有《弟子行》，还有《七十二弟子解》。今天，诸如"孔子与孔门弟子"、"孔门七十二贤"、"孔子和他的弟子们"这类研究，不仅学者们津津乐道，读者们也看得津津有味。为什么？因为这样的人物，这样的场景，不仅带给我们故乡般的温暖和童年般的回忆，还几乎就是我们梦寐以求的理想人物和理想人生！

孔子和他的弟子之间以及弟子之间的切磋琢磨辩驳诘难，在孔子去世之后，在弟子守墓三年星散之后，也随即成为一个民族的文化资源和思想温床。在孔门弟子的问答往还里，包含着一个圣人和一帮大人们对于人、人生、人性、道德和社会的理解和体悟，这些都成了我们现实思考的永恒出发点，成为我们人生感悟的千年印证。正是在对他们的关注和解读、阐释里，我们开创自己的时代，开始自己的人生，开始自己的理解世界之旅。

所以，每个时代的人们，都会通过对孔门的研究进行着文化的积累和价值的增值。石毓智教授的《非常师生——孔子和他的弟子们》，就是这样的一部著作。石教授爬罗剔抉，刮垢磨光，眼光如炬，烛照幽隐。隐藏的事实，经他点明，豁然开朗；新奇的结论，经他推衍，斑斑在案。出人意料处，立论大胆而有据；引人入胜时，行文有趣且有序。史料功底扎实，逻辑严密，全是规范操作，小心谨慎；文笔雅俗共赏，幽默活泼，常常发人一笑，大快朵颐。严谨的学术著作而写得如此轻松，真是团结紧张，严肃活泼。

石教授书成，不耻下请，延我作序。我虽惶恐不敢当，却也有与有荣焉的窃喜。于是，略叙感受如上，以与广大读者共鉴。

鲍鹏山

2010年4月1日于浦东偏安斋

前 言

　　本书不是《论语》的普及读物，而是这些读物升华版。所以，对于所有接触过《论语》的人，这本书都值得你翻一翻，虽然不敢保证你一定会同意作者的观点，但是可以保证你一定会有所得，一定不会失望的。

　　以前，人们是站在孔子的肩膀上瞟一眼他的弟子们，因此感受孔门弟子是渺小的、模糊的，他们仅仅是孔子伟大形象的陪衬。现在，我们换个位置来观察，站在这些弟子的中间来体验，会看到非常不一样的东西，这些弟子们一个个鲜活起来了，他们个性鲜明，有自己的思想，不仅是被动的受教育者，也是儒家思想的积极的参与者、创造者与宣传者。一句话，换位观察，我们看到的是一个伟大的群体，而不仅仅是圣人一个。

　　《论语》的记述过于简略，很多时候是孤零零的一句话，前不着村，后不着店，缺乏语境，所以造成了很多歧解、误解。本书依据可靠的历史资料，主要是《史记》、《左传》、《孟子》、《荀子》等的有关记述，把《论语》的原话放在具体的语境中去解读，这样可以大大提升理解的准确度。与此同时，这些历史资料还记载了孔子的不见于《论语》的大量言行，本书对这些记载进行了详细的分析，这样就大大提高了对孔子人生和思想理解的全面性和系统性。

　　知人是知言的前提。我们把《论语》中涉及的每一个人看作一个有机的整体，看成一个系统，这样就可以知道他们一言一行的前因后果，可以准确把握每一句话的真正含义。

　　后人对《论语》的误读，还来自于把孔子神话、圣化的心态，为圣人讳的倾向，认为孔子说的一定是有道理的，而且还是大道理，所以形成很多牵强附会的辩解。我们的态度是，孔子首先是一个普通人，他有常人的各种情感，也有常人的缺点，然后才是个具有高超智慧的哲人。也就是说，要以一颗平常心来看孔子，这样很多事情就可以看得更加清楚，更加准确。

本书摒弃目前流行的戏说历史、随意演绎的做法，因为我们认为那是以不负责任的态度，以亵渎中国文化的代价，迎合部分观众的哗众取宠的做法。我们虽然提出了许许多多前人没有注意到的地方、前人误读之处以及与前人看法不一样的观点，但是一切根据历史事实，做到每一新提法必须建立在扎实的证据之上。

同时，我们保证这本书能够成为学习《论语》最可靠的读物。首先，要保证语言文字诠释的准确性。要做到这一点并不容易，我们参照最权威的注解《论语》的著作，根据我们多年来研究汉语发展史的经验，从历时演化的角度对有些疑难的字词做出更科学的解释。其次，每一句原文，都给出相应的现代汉语解释，要么是直接翻译，要么是叙述大意；与此同时，我们用现代语言表述原意时，也都给出了原文。再次，为了加深读者对有关内容的印象，而且有关内容涉及不同方面，我们也不避重复，但是我们把重复缩小到尽可能小的范围之内。

《论语》是一本很好学的古籍，因为它的很多名言警句，变成了格言或者成语，已经渗透在我们的日常语言中，所以每个受过小学教育的人，都对它有一种亲切感。《论语》又是一本很难读懂的书，因为要理解它，必须具备很多条件，诸如古汉语的修养、历史文化知识、人生的阅历、对社会的感悟以及民族大义和历史使命感。一个人要读懂孔子，还要有足够的磨难，而且还必须具有从磨难中感悟的能力，因为孔子的思想是在磨难中感悟、发展、成熟起来的。我是用自己前四十年的人生经验来读这本书的，那么随着我人生经验的延续，对这本书的感悟也会在发展。

这本书的内容与目前最流行的各种《论语》读物形成鲜明的互补。比如，孔子关于如何学习、如何交朋友、如何为人、如何孝敬父母、如何做政治，都是流行读物所讨论的核心问题。孔子思想是我们宝贵的文化遗产，还有许许多多引人入胜的内容，被人们相对忽略了，而且对于那些人们耳熟能详的内容，哪些地方是值得借鉴的，哪些地方是值得反思的，这正是本书讨论的中心。

非常感谢鲍鹏山先生，他是《论语》和孔子的研究专家。他的《新读〈论语〉》不仅对原著作了精准的诠释，而且还提供了具有批判、反思和充满睿智的点评，这是本书写作的基础、依据。在本书写作的构思阶段，我们两个乘船到大海上畅谈了三天三夜，很多灵感都是在我们充满激情的讨论中获得的。

说起写作本书的动机，首先要感谢一个人，他就是《百家讲坛》的招牌人物——河南大学王立群教授。王立群老师推荐我参加2009年由河南省教育厅举办的"全国教育名家论坛"，听众为各地教育局负责人和中学老师。这样的论坛我就不能讲老本行语言学了，就趁这个机会，把以前在作汉语历史研究时关于《论语》的零碎的想法和模糊的感受，作一系统的梳理。在那次会议上讲了题为《儒家思想对中国教育的影响》，而后一发不可收拾，以此为突破口，整理出了今天这本比较系统的专著，也是我第一本非语言学著作。

这本书能够以今天的面貌呈现给读者，我还要感谢一个群体，那就是湖南教育电视台《湖湘讲堂》的柳理、黄谊、周凌峰等传媒高人。他们给了我第一次"触电"的机会，本书的部分内容以18集电视讲座的形式在湖南教育电视台播出。同时，他们给我提了许多良好的建议，对我书中的内容作了精彩的概括，他们的才华为本书增色不少，特别是在如何更好地让大众接受这一方面改进了许多。

我的两位博士生姜炜和王统尚对本书的文字加工、内容表述和史料校对方面做了很多工作，特此致谢。

最后要特别感谢商务印书馆，没有他们的大力支持和开拓精神，这本书是难以在这么好的一个平台与读者见面的。

石毓智

2010年6月18日

弟子篇

孔子的监督员——子路 / 3

孔子对子路有点儿烦 / 10

樊迟为何要求转专业 / 18

冉有为何要退学 / 27

宰予为何被骂为垃圾 / 34

宰予是垃圾学生吗 / 39

孔子为什么最爱颜回 / 46

颜回为何老是中头彩 / 51

颜回呀你到底好在哪里 / 61

被逼出来的实干家——子贡 / 68

子贡巧问孔子 / 75

孔子的新闻发言人——子贡 / 82

孔子对子贡有看法 / 89

超牛的外交家——子贡 / 95

孔子后的掌门人——子贡 / 103

以贫为荣的原宪 / 115

夫子篇

夫子误中美人计 / 125

"美丽"的错误 / 134

孔子论女性美 / 144

孔子出走之谜一：对女性的态度 / 151

孔子出走之谜二：军事禁区 / 157

孔子出走之谜三：政见不合 / 162

孔子出走之谜四：慎言误事 / 169

可怕的"有教无类" / 173

《论语》也有毒 / 180

孔子也记仇 / 187

孔子也世故 / 195

非常师生 / 203

音乐传情 / 210

隐士为何骂孔子 / 217

孔子为何敬隐士 / 228

孔子生命的最后五年 / 235

附录一：孔子年谱 / 246

附录二：孔门花名册 / 248

附录三：古代的姓名与称谓 / 252

弟子篇

孔子的监督员——子路
孔子对子路有点儿烦
樊迟为何要求转专业
冉有为何要退学
宰予为何被骂为垃圾
宰予是垃圾学生吗
孔子为什么最爱颜回
颜回为何老是中头彩
颜回呀你到底好在哪里
被逼出来的实干家——子贡
子贡巧问孔子
孔子的新闻发言人——子贡
孔子对子贡有看法
超牛的外交家——子贡
孔子后的掌门人——子贡
以贫为荣的原宪

孔子的监督员——子路

比圣人还要牛的人，就是敢管圣人的人。这个人就是子路。在所有的弟子中，子路，只有子路，敢对孔子做的事不高兴，敢批评孔子，几次成功阻止了孔子失足，挽救了孔子，避免了他老人家晚节不保。

当孔子听到子路在卫国内乱中牺牲的消息，他说了这样一句话：

自吾得由，恶言不闻于耳。（《史记·仲尼弟子列传》）

这是夫子对这位爱徒一生功过的盖棺论定。一般的解释为，子路有勇力，他站在孔子身边，别人不敢再说孔子的坏话，因为怕子路收拾他们。如果真的这样，我们的圣人就成了黑社会老大了。靠武力来禁止别人说坏话，那是盗跖这类人干的事。这大大损害了孔子这位道德宗师的形象，因为孔子是靠道德的力量来感化别人，来让别人亲近自己的。

孔子一生都想做官，有时到了饥不择食的程度。有两次叛臣相召，孔子都答应下来了。不是子路竭力阻止，恐怕一个叛臣的官僚，会成为孔子永远的污点，难以在后世再树立起圣人的形象。

第一次，鲁定公八年（公元前502年），公山不狃在季桓子手下感到不如意，就利用阳虎作乱。公山不狃凭借费城反叛季氏，他派人来召请孔子去做官。孔子探索治国之道已经很久了，但抑郁不得志，无处可以施展，没有人能任用自己（孔子循道弥久，温温无所试，莫能己用《史记·孔子世家》），就说："当初周文王、周武王兴起于丰、镐而建立了王业，现在费城虽然小，该也差不多吧！"就想要应召前去。子路很不高兴，阻止孔子。孔子说："他们请我去，难道会让我白跑一趟吗？如果重用了我，我将在东方建立一个像周那样的王朝！"然而最终也没能成行。

子路不悦的原因有二：其一，公山不狃属于乱臣贼子，做他的下属，就是个道德问题，节操不保。其二，费城是个弹丸之地，公山不狃一时得手，能坚持多久，还是个问题。夫子您还想把它作为复兴周朝的试验田，岂不是太幼稚了？子路的话很不客气："没有可去的地方就算了嘛，为什么非去公山氏那里不可呢（末之也已，何必公山氏之之也《论语·阳货》）？"

第二次，孔子六十五岁左右，返回卫国，卫出公昏聩不用孔子。这时恰好佛肸做中牟的长官。晋国的赵简子攻打范氏、中行氏，讨伐中牟。佛肸就占据中牟，反叛赵简子，并派人招请孔子，孔子打算去。子路说："我听老师说过：'亲自做坏事的人那里，君子是不去的（亲于其身为不善者，君子不入也《论语·阳货》）'。现在佛肸自己占据中牟反叛，您想前去，这是为什么呢？"孔子说："我是说过这句话。但我不也说过，坚硬的东西是磨不薄的；不也说过洁白的东西是染不黑的。我难道是只中看不能吃的匏瓜吗，怎么可以老是挂着却不给人吃呢（不曰坚乎，磨而不磷；不曰白乎，涅而不缁。吾岂匏瓜也哉？焉能系而不食《论语·阳货》）？"

这里透露出一个讯息，子路为什么敢那么理直气壮地批评、阻止老师？因为老师您现在的做法跟您平时教导我们的不一致呀！

如果没有子路这个监督员，孔子将成为两个乱臣贼子的帮手。这不论在当时还是后世，孔子不挨骂，恐怕是不可能的。这就是孔子为什么感慨道："自从有了阿由，就没有别人骂我了。"

子路不光管孔子的工作去向，还管孔子在男女上的事情，或者说生活作风问题。这也有两次。

第一次，就是夫子误中美人计那件事。后面还会详细讲，这里只作个概述。鲁定公四年（公元前496年），孔子五十四岁，功夫不负有心人，他苦苦追求了多年的理想终于实现了，那年由大司寇理国相职务。在孔子治理下的鲁国蒸蒸日上，正朝着富强的道路上发展。这么一来，齐国害怕了，马上觉察出，孔子这样执政下去，鲁国一定会富强，将来首先吞掉的是我们这个邻近的齐国。于是，齐国选了八十位花容月貌、穿着华美的衣服、能歌善舞的女子，外加一百二十匹装饰美丽的骏马，一起送给鲁君。这些礼物先安置在鲁城南面。手掌大权的季桓子微服私访，穿着便服前去观看再三，最后干脆欺骗鲁君，说要到其他地方考察工作，长期泡在那里，不理政事。子路先忍不下去了，说："老师，我们在这里不能待了。"结果，他们就离开了孔子一生中最好的工作岗位。孔子误中美人计，跟这位监督员的决策也是分不开的，所以说子路对此事也负有一定的责任。

注意，夫子误中美人计，是子路首先提议要走的，孔子开始还有些犹豫。子路为什么这样做？老师既然把女人和小人等而视之，齐国免费送来这么一大批"小人"，要臣季桓子先中招，接下来老师能不能顶住，子路不放心，那就干脆离开这个是非之地，一走了之。

第二次，就是孔子在卫国工作期间见卫灵公的夫人南子这件事。孔子去见南子之前，没有告诉子路，回来才跟子路说："我本来是拒绝去的，无奈南子以礼相召，只好去见了。"子路对孔子的解释不满意，因为他认定，孔子自己有想去见南子的因素，否则你怎么不像别的事情那样，事先征求一下我的意见？此时的孔子就像犯了错误的小学生，还向子路赌咒发誓："如果我真正做错了，上天也会厌恶我的。"

子路对夫子见南子这件事不高兴，理由很充分：老师您不是说女人就是小人吗？那么绝色美女的南子，就是小人中的小人，您怎么会去见这么一个人呢？

子路也敢于对孔子的理论提出怀疑，甚至最严厉的批评。

孔子在陈、蔡之间，打算到楚国应聘。陈国、蔡国的大夫商议说："孔子是位有才德的贤人，他所指责讽刺的都切中诸侯的弊病。如今长久地停留在我们陈国和蔡国之间，大夫们的施政、所作所为都不合仲尼的意思。如今的楚国，是个大国，却来聘请孔子。如果孔子在楚国被重用，那么我们陈蔡两国掌权的大夫们就危险了。"于是他们双方就派了一些服劳役的人把孔子围困在野外。孔子和他的弟子无法行动，粮食也断绝了。跟从的弟子饿病了，站都站不起来。孔子却还在不停地给大家讲学，朗诵诗歌、歌唱、弹琴（**从者病，莫能兴。孔子讲诵弦歌不衰**《史记·孔子世家》）。

在这种情况下，孔子还能弦歌之声不绝，令我们肃然起敬，他真是一位靠道德和精神力量支撑着的伟人！

但是，除了孔子，谁能受得了，忍得住？子路第一个脸带怒色来问孔子（**愠见**）："君子也有困窘的时候吗（**君子亦**

有穷乎)?"孔子曰:"君子在困窘面前能坚守节操不动摇,小人遇到困窘就会不加节制,什么过火的事情都做得出来(君子固穷,小人穷斯滥矣《史记·孔子世家》)。"

敢向孔子发火的只有两人,一个是子路,一个是子贡。敢怀疑孔子一天到晚所称道的"君子",则只有子路一个人。子路的道理在哪里呢?

司马牛问君子。子曰:"君子不忧不惧。"曰:"不忧不惧,斯谓之君子已乎?"子曰:"内省不疚,夫何忧何惧?"(《论语·颜渊》)

子路心里想,现在我们这帮君子,能"不忧不惧"吗?光靠"内省不疚",自我反省,能解决问题吗?子路的话是有道理的。最后还是子贡前往楚国,搬来救兵,这帮"君子"才脱离了困境。

在这种情况下,子路最有反省精神,又进一步对老师的道德和智慧提出了怀疑。孔子知道弟子们心中不高兴,便叫来子路问道:"《诗经》上说'不是犀牛也不是老虎,然而它却徘徊在旷野上(匪兕匪虎,率彼旷野)',难道是我们的学说有什么不对吗?我们为什么会落到这种地步呢?"子路说:"大概是我们的德还不够吧?所以人家不信任我们;想必是我们的智谋还不够吧?所以别人不执行我们的理论。"孔子说:"有这样的话吗?仲由啊,假使有仁德的人必定能使人信任,哪里还会有伯夷、叔齐饿死在首阳山呢?假使有智谋的人就能畅行无阻,哪里会有王子比干被剖心呢?"

可惜,孔子并不是真心征求子路的意见,而是想从学生那里再一次证明自己理论的正确性。所以,听了子路一番话后,孔子颇不以为然。易中天先生对此有个感慨:看来,从孔子开始,中国人就不善于也不愿意反省自己。

子路还关心孔子的工作能力问题。

孔子63岁这年，卫出公打算聘用孔子。岁月不饶人，留给孔子的时间已经不多了，机会难得，再也折腾不起了。子路所关心的是，老师您做好了准备了吗？

子路曰："卫君待子而为政，子将奚先？"子曰："必也正名乎！"子路曰："有是哉，子之迂也！奚其正？"子曰："野哉，由也！君子于其所不知，盖阙如也。名不正，则言不顺；言不顺，则事不成；事不成，则礼乐不兴；礼乐不兴，则刑罚不中；刑罚不中，则民无所措手足。故君子名之必可言也，言之必可行也。君子于其言，无所苟而已矣！"（《论语·子路》）

你到人家那里执政，先把人家那里已经习惯的名称都改了，这样不把卫出公和他的一帮大臣搞晕才怪。这就好比，一个大学新来一位校长，工作伊始，啥事还没有做，先把学校的大楼名称、办公机关都改了名，结果必然是，学生上课找不到教室，老师办事不知道找谁。整个学校不乱成一锅粥才怪呢！名称是个约定俗成的问题，很多时候是无所谓好坏的。比如，一个国家的第一实权人物，我们叫"总书记"，日本叫"首相"，法国叫"总统"，新加坡则是"总理"。如果让孔子去法国从政，他第一件事恐怕就是把"法国总统"改为"法国总书记"。所以子路的反应则是，"老师呀，您怎么会迂腐到这步田地？正什么名！"孔子还煞有介事地与子路辩论。

孔子在卫出公那里工作了三年，恐怕政绩不会太理想。卫国的孔文子要攻打太叔，向孔子询问军事计策。不知道孔文子是不是有意要把孔子气走，因为卫灵公也是向孔子问阵，孔子一气之下走开了。孔子说没学过军事，回去马上命令驾车离开，嘴里还嘀咕道："鸟能择木，木岂能择鸟乎（《史记·孔子世家》）？"孔子这个能够择木的鸟，这一次确实跟以往不一样，说这话有底气，因为他的弟子冉有在季康子那里政绩卓著，季康子则隆重迎接孔子回到阔别十四年之久的父母之国——鲁国。从此以后，孔子告别了政坛，专心著述。

孔子说，自从有了子路，"恶言不闻于耳"。言下之意，孔子在收留子路之前，可能做过不合适的事情。孔子是崇尚礼仪的，同时也渴望当官。如果一个人缺乏监督，在欲望的驱使下，可能会做出不合礼仪的事情。《史记·孔子世家》记载了孔子年轻时的一件事，孔子腰间还系着孝麻带守丧时，季孙氏举行宴会款待名士，孔子前往参加（**孔子要絰，季氏飨士，孔子与往**）。季孙氏的家臣阳虎阻挠说："季氏招待名士，没有请你啊。"孔子因此而退了回来。孔子这次讨了个没趣，他个人的行为，违背当时的礼仪，季氏这边也觉得不吉利。孔子恐怕也是按捺不住对官场的向往和好奇，忘记了礼仪，这与他后来两次想到叛臣那里做官如出一辙。如果当时有子路这么一个人在跟前，恐怕就不会遭到阳虎的奚落。

子路是一个坚持原则，很有头脑的人，他的政治才能也很了得，与冉有同列为"政事"科的优秀代表。现在对子路有很多误解。文化超男易中天先生认为，子路相当于《水浒传》中的李逵，脾气太坏。其实，这两个人物的性格差别还是非常明显的。

子路为什么敢管孔子？其一，天性使然，他生性耿直，真的是无忧无惧。其二，他的资历比较深，属于孔子早期的学生，而且年龄只比孔子小九岁。

子路不仅是孔子的监督员，还是孔子的保镖或者说警卫员，孔子周游列国时，都把子路带在身边，问路、打探消息等，都是子路的事。

人人都有犯错误的可能性，如果缺乏监督机制，那么这个可能性就很容易转换成现实。圣人也不例外。

孔子对子路有点儿烦

孔子对子路是又爱又烦。

孔子爱子路,因为他需要子路这么一个人,性格率直,体魄健壮,当孔子把握不住自己的时候,子路给他规劝;当孔子周游列国时,子路给他当保镖。

孔子烦子路,因为子路太坚持原则,不知道变通,孔子想灵活一下也不能,而且子路还得理不饶人。

子路追随孔子时间最长,挨骂也最多。孔子对他,不仅是骂,而且常常是痛骂。表面上看来,孔子骂子路,是因为他粗鲁,话太直,不懂察言观色,争强好胜。然而,在我看来,深层的原因则是子路这个监督员的身份。

你想,孔子见一次南子,回来就跟子路解释缘由,不是自己想养眼,而是人家以礼相邀,盛情难却。对老师的解释,子路还不满意,不依不饶。你想,搁谁谁都烦子路这号人。

孔子的一个做法是降低子路的威信。子路规劝孔子的话,件件正确,孔子也不好直接拿这些说事,只能借题发挥。一次孔子以子路的音乐才能不佳,发表了下面一通议论:

子曰:"由之瑟,奚为于丘之门?"门人不敬子路。子曰:"由也升堂矣,未入于室也。"(《论语·先进》)

孔子说,"仲由的那种瑟为什么在我门口弹呢?"由此推

> 孔子烦子路,因为子路太坚持原则,不知道变通,孔子想灵活一下也不能,而且子路还得理不饶人。

断，子路缺乏音乐天赋，孔子听到他弹得不好，可以指点子路如何改进。但是向众弟子们说这话，有点违背"慎于言"的做法，不太合适。子路是你孔子学院的学生，交了学费的，音乐又是必修课，那么子路不在校园里练习乐器还能在什么地方练呢？这无疑宣布子路是比较笨的学生，所以其他弟子才不尊重子路。子路本来是大师兄，除了敢管孔子外，还给师弟们张罗工作，是个热心肠的人。子路随孔子周游列国之前，是季氏管家，他走时就把这个位置让给了师弟冉雍。

但是，孔子内心深处还是感激子路的，需要子路这么一个人，也不愿意弟子们对子路太不敬，要寻找一个平衡。所以看到弟子们不敬子路，马上纠正道："仲由啊，在学习上已经达到'升堂'的程度，只是还没有'入室'"。

有的时候，孔子看到子路的样子就有点儿烦。一个人一个性格，一个弟子一个做派。孔子看到别人，没什么反应，但是看到子路的样子，孔子的反感之情溢于言表。

闵子侍侧，訚訚如也；子路，行行如也；冉有、子贡，侃侃如也。子乐。"若由也，不得其死然。"（《论语·先进》）

其中几个状态形容词，其确切意思现在很难搞懂了。訚訚，恭顺的样子；行行，坦荡的样子；侃侃，健谈的样子。孔子看到众弟子的群像，粲然一笑。单单对子路说了一句："像仲由这样的人，恐怕不得好死啊。"当然，孔子这话不是诅咒子路，但是也流露了他内心深处对子路的反感。

孔子的话是不是应验了呢？一般人认为，孔子的担心后来竟成了事实，他真的不幸言中了。子路后来死在卫国孔悝之乱中，因刚直不阿不知回避而被人杀死。其实导致子路被杀的不是他刚直的性格，而是他太"讲礼仪"了。《史记·仲尼弟子列传》详细记录了子路被杀的过程：

当孔悝作乱时，子路还有事在外，听到这个消息就立刻赶回来。子羔从卫国城门出来，正好相遇，对子路说："卫出公逃走了，城门已经关闭，您可以回去了，不要为他遭受祸殃。"子路说："吃着人家的粮食就不能回避人家的灾难。"子羔终于离去了。正赶上有使者要进城，城门开了，子路就跟了进去。找到蒉聩，蒉聩和孔悝都在台上。子路说："大王为什么要任用孔悝呢？请让我捉住他杀了。"蒉聩不听从他的劝说。于是子路要放火烧台，蒉聩害怕了，叫石乞、壶黡到台下去攻打子路，斩断了子路的帽带。子路说："君子可以死，帽子不能掉下来（君子死而冠不免）。"说完系好帽子就被砍死了。

子路勇猛过人，假如他不那么讲究"礼"，不在这个节骨眼上讲究"君子风度"，当帽带被割断帽子掉下来时，不跪下去捡，而是继续战斗，他就不一定被砍成肉酱，最后死的是谁，都还难说。这个"礼"和"君子"就是从他的老师那里学来的。不分场合，太讲究"礼"，太讲究"君子风度"，有时候就是致命的。这是值得我们这个民族深深反省的地方！

孔子也见不得子路得意。《论语·子罕》记载，孔子一次夸子路，"穿着破旧的丝棉袍子，跟穿着狐貉皮袍子的人站在一起，而不觉得羞耻的人，大概只有阿由吧？《诗经》上说'不嫉妒别人，不贪求，为什么不好呢（不忮不求，何用不臧）'？"子路这个人容易上杆子，听了这话就得意起来，认为这是老师对自己的最高奖励，终身吟诵这两句诗。孔子则又说："仅仅这样做就够好了吗（是道也，何足以臧）？"弄得子路无所适从。

孔子到处碰壁，灰心丧气，有做隐士的念头，一次他说：

不分场合，太讲究"礼"，太讲究"君子风度"，有时候就是致命的。

"道不行，乘桴浮于海。从我者其由与（《论语·公冶长》）？"子路听了能不高兴吗？老师这么信任我。孔子马上泼来一盆冷水："由也，好勇过我，无所取材。"孔子也就是说，你阿由呀，除了勇气比别人强，其他方面没有什么可取的。这显然不公允，子路是政事科最优秀的两个学生之一，另一个就是冉有。同时，他的军事才能也闻名诸侯国，并不是个无用的东西。根据《史记·孔子世家》记载，子西曾经问楚昭王，"咱们楚国有没有一个军事才能像子路这样的人？"昭王回答："没有。"

在众弟子中，子路总是"中头彩"，得到老师的"特殊待遇"。上次闵子骞一帮人陪孔子坐着，按理说孔子应该根据每个人的做派，预言一下每个人的未来，可是只讲了子路"不得其死然"。《论语·先进》有一段精彩的记录：

一次，子路、曾皙、冉有、公西华，陪孔子闲坐着。

孔子说："不要因为我比你们年长一些，就拘束而不敢畅所欲言。你们平时总是说：'人家不了解我啊！'假如有人要了解你们，那么你们以什么方式来证明自己呢？"

子路轻率地抢着回答说："一个拥有一千辆兵车的国家，夹在大国之间，受到别国军队的侵犯，又遇上凶年饥荒，我去治理，等到三年，就可以使人民勇敢，而且知道遵守礼仪。"

孔子面带讥讽地笑了一下（夫子哂之）。

讨论会解散后，曾皙留下问："先生为何讥笑仲由呢？"孔子说："治理国家要讲礼让，他连说话都不谦让，所以笑他（为国以礼，其言不让，是故哂之）。"

孔子对冉有和公西华的话没有任何反应，而对曾皙的则大加赞赏，"我赞成阿点啊（吾与点也）"。只有子路一个人得到孔子负面的反应。一个学生在同学们面前，被老师讥笑，是一件很难堪的事情。幸好子路的心理素质好，不在乎这些。

我觉得，孔子不应该讥笑子路。因为你是让人家讲内心话，说自己的志向的，不是让他们谦虚的。人往往志大才疏，作为老师可劝告他们务实一些，了解自己，提高他们的自知之明的意识。何况大家本来都不愿意讲自己的志向，子路领个好头，应该得到鼓励。再说，第一个发言的比较吃亏，后面的学生可以察言观色，见机行事。结果，后边的学生看到老师讥笑子路，一个比一个谦虚。冉有说自己能够治理的国家更小了，只有"方六七十，如五六十"，礼乐留给君子来做。孔子没有反应。公西华干脆说，自己治理不了一个国家，只能在祭祀上帮帮忙。孔子还是没有反应。最后一个出场的曾皙干脆退出政坛，说自己的志向是：带一帮人出去郊游，野炊，唱歌。这下才正中老师的下怀。所以，除了子路说的是真心话外，我十分怀疑其他三个学生说的是否是自己真正的志向，因为都怕

"夫子哂之"。

孔子对子路的反感情绪是非常表层的，有时丝毫不加掩饰。一次季子然问："仲由、冉求可谓大臣与？"孔子回答说："吾以子为异之问，曾由与求之问。所谓大臣者：以道事君，不可则止。今由与求也，可谓具臣矣（《论语·先进》）。"孔子说，我以为你问别人呢，竟是问仲由和冉求这两个人，他们都算不上大臣，只是可以办点实事的小官员。孔子连别人提起他们的名字都烦，那真是烦到了顶。孔子烦冉有的原因也很多，我们在另一章里专门细谈。

孔子不喜欢哪个学生，想挫他的锐气，常用在他们面前夸颜回的办法，因为孔子认为颜回是他最好的学生。这引起了一次与子路的正面冲突。

先讲一件相关的事情。根据《史记·仲尼弟子列传》，子贡利口巧辞，孔子经常折挫他（常黜其辩），就问"你跟颜回相比，谁好（汝与回也孰愈）？"子贡是个聪明人，从不吃眼前亏，老师一天到晚嘴上挂着"贤哉回也"，"贤哉回也"，因而答道"我怎么敢跟颜回比？颜回呢，听到一而知道十；我呢，听到一而知二（赐也何敢望回！回也闻一以知十，赐也闻一以知二）。"这段话也见于《论语·公冶长》，但是《论语》中省去孔子为何问子贡的原因，显然有为老师讳的成分。

子路可没有子贡那么好的修养。孔子经常夸颜回，根据《论语·述而》，一次在子路在场的场合下，又开始夸颜回了："用了就去干，不用就隐居起来。只有我和你能够做到这样吧（用之则行，舍之则藏，唯我与尔有是夫）！"实际上就是说，"仲由你做不到这一点。"子路很不服气，说："老师您如果统帅三军去作战，那么，您让谁去给您领兵打仗呢？"子路清楚，颜回是个文弱书生，除了谦虚、谨慎，没有显示出处理什么具体事情的能力。孔子的回答也很绝："赤手空拳打老虎，蹚水过河，死了都不知后悔的莽撞人，我不和他在一起（*暴虎冯河，死而无悔者，吾不与也*）。"孔子说的也是情绪化的语言，并没有回答子路的问题："你行军打仗需要谁？"其实，打仗不正是需要孔子说的"莽撞人"吗？有了军师，还需要有执行任务的人。

子路是个热心肠的人，喜欢张罗别人的事情，帮师弟们找工作。他跟孔子周游列国时，就把季氏的管家让冉雍接任。可能是子路在社会上的人缘好，哪里有空缺先跟他联系，所以他的就业信息比较灵通。孔子学院既然是给政界输送人才的，就业率也影响到学校未来的发展，那么子路的作为应该得到老师的表扬，起码是认可。根据《论语·先进》，又有一次，子路让子羔到费城做邑宰。孔子的第一个反应就是泼冷水："这是误人子弟（*贼夫人之子*）。"子路有自己的看法："*有民人焉，有社稷焉。何必读书，然后为学？*"子路的说法也不无道理，社会是个大课堂，很多知识都可以从那里学习，特别是那个时代，社会实践经验可能比书本知识更重要。孔子自己不也是如此。一次，卫国的公孙朝问子贡，孔子是从哪里学习的知识。子贡的回答非常漂亮："*文、武之道，未坠于地，在人。贤者识其大者，不贤者识其小者，莫不有文、武之道焉。夫子焉不学？而亦何常师之有*（《论语·子张》）？"也就是说，孔子是向"民人"学习文、武之道的。子路跟子贡的看法是一致的。孔子这次与子路的辩论显然不占上风，就说了一句强词夺理的话："所以我很讨厌巧言狡辩的人（*是故恶夫佞者*）。"子路应该不属于嘴巧善辩那类人，孔子把"巧言"这顶帽子始终拿在手中，不喜欢谁就戴给谁。

孔子烦子路是表层的，爱子路才是深层的。

子路要去做蒲大夫，向孔子辞行。孔子语重心长地跟他说："蒲多壮士，又难治。然吾语汝：恭以敬，可以执勇；宽以正，可以比（归附）众；恭正以静，可以报上（《史记·仲尼弟子列传》）。"师生深情厚谊，跃然纸上。

子路管孔子，孔子烦子路。这在当时产生了一个社会效应，不喜欢孔子的隐士们，都躲着不见孔子，反而对子路不错。《论语·微子》记载，一次子路掉队了，遇到一位老人问："您看见我的老师了吗？"老人说："四体不勤，五谷不分，谁是老师？"老人把木杖插在地上，开始除草，没再搭理子路。老人的话里透露出他见过孔子，因此子路站在一边拱手而立不走。老人留下子路住宿，还杀鸡、做黍饭给子路吃。第二天子路赶上了孔子，回来再来看望老人时，老人已经离开了。

孔子首先是一个人，那么就有普通人的各种情绪，心里也会有各种小九九儿。鲜活的孔子，也许更加可爱，丝毫不会降低人们对他的敬意。

樊迟为何要求转专业

孔子把人分两类，君子和小人，崇尚君子，贬斥小人。被孔子骂为小人的弟子，只有樊迟一个。原因很单纯，因为樊迟想从政法大学转学到农业大学。

樊迟请学稼，孔子曰："吾不如老农。"请学圃，曰："吾不如老圃。"樊迟出，孔子曰："小人哉樊须也！上好礼，则民莫敢不敬；上好义，则民莫敢不服；上好信，则民莫敢不用情。夫如是，则四方之民襁负其子而至矣，焉用稼！"（《论语·子路》）

孔子的老毛病又犯了，还是人走后，在背后骂人，讲自己的道理。后边将会看到，这与宰予辩论的情形如出一辙。宰予和樊迟都是学生，孔子与他们具有师生关系，或者说上下级的关系，当面训斥他们，把话说明，有什么不可以呢？有什么不好呢？

鲍鹏山先生这样评价：这个樊迟，脑子确实有点儿问题，到孔子这样一伟大思想家、大道德家那里求学，却去学种田种菜，不是太荒唐了吗？这个樊迟，他简直是花了大血本，买来火箭去打蚊子。当今的文化超男易中天也说，樊迟，此人不知哪根筋搭错了，居然提出要学习种庄稼[1]。

---

[1] 本书如果没有特别注明，易中天的言论皆引自其《先秦诸子百家争鸣》，上海文艺出版社，2008年。

樊迟是不是脑子进水了？是不是哪根筋搭错了？为什么他会提出想学农业科学呢？

问题没有表面上看来那么简单，让我慢慢道来。

首先要搞清楚，樊迟并没有难为老师，专门问夫子知识结构中的弱项。他也清楚，论种庄稼，自己的老师不如老农；论种蔬菜，自己的老师又不如菜农。樊迟并不是向老师讨教农业的知识，凡向老师讨教，都是"问什么"，诸如"问仁"、"问政"等。樊迟提出"**请学稼**"，"请"字在上古汉语作"请求对方允许自己做什么事"，他实际上是想告诉老师自己的学习兴趣变了，希望得到老师的理解，允许他去学农业。所以孔子的反应，就有些情绪激动，好像樊迟哪壶不开提哪壶，故意在挑自己的弱项。

孔子对樊迟的情绪，还来自他的价值观念。"文革"时期批孔子，其中一个罪状就是，他主张"万般皆下品，唯有读书高"。这话不是孔子自己说的，是后人对他的概括。其实，这个说法并不准确。在整部《论语》中出现最多的字眼就是别人向孔子"问这问那"，而问得最多的问题是"问政"。同时，令人困惑的是，没有一个人"问学"，问如何读书。概括孔子的教育理想，读书是手段，从政是目的，也就是说：

万般皆下品，唯有做官高。

孔子提倡读《诗经》，见了自己的儿子，第一句话就是"学习《诗经》了吗？不学习就不能把话说好。"然而，学习《诗经》是手段，目的则是提高外交辞令，否则，即使把三百篇都背下来了，那又有什么用呢？（诵《诗》三百，授之以政，不达；使于四方，不能专对；虽多，亦奚以为（《论语·子路》）从政、做官是孔子的教育目的，也是他人生的第一追求。他是一位文化巨匠，然而这是在他官场失意，对

> 概括孔子的教育理想，读书是手段，从政是目的。

政治绝望以后，才退而编《春秋》，修诗书礼乐（子曰："弗乎弗乎，君子病没世而名不称焉。吾道不行矣，吾何以自见于后世哉？"《史记·孔子世家》）。

这就可以理解，为什么樊迟出去以后，孔子嘴里嘀咕：搞政治，哪需要农业知识？今天，人人都应该看出夫子的局限性。那个时代，还不像今天，有这么多的行业，软件开发啦，通信设备啦，这些那个时代都没有，农业生产几乎是唯一的社会生产活动。不是"民以食为天"嘛，把"天上的事情"搞清楚了，不是更有利于管好"地"吗？难道，农业生产与政治的关系，不比天天背《诗经》更重要吗？农业生产出了问题，天下肯定乱；然而不背《诗经》，顶多少知道点儿草虫鸟兽之名，社会多了几个文盲而已。

其实，樊迟是很善于思考，善于问问题的。孔子是不轻易夸人的，还情不自禁地夸樊迟会问问题。一次樊迟陪老师出游舞雩台，一连问了三个问题："我大胆地问一问，如何才能提高品德、消除邪念、辨清迷惑（敢问崇德、修慝、辨惑《论语·颜渊》）。"孔子第一个反应就是"善哉问！"然后则谆谆教导，"先努力做，后考虑得，不就是提高品德吗？批判自己的错误，不攻击别人的缺点，不就是消除内心的恶吗？一时气愤，就忘掉自身安危，甚至连累自己的父母，不就是迷惑吗（先事后得，非崇德与？攻其恶，无攻人之恶，非修慝与？一朝之忿，忘其身以及其亲，非惑与）？"

樊迟还是孔子的一个少有的学习态度认真的学生，不清楚的问题，一定要弄个明白。别的学生觉得已经清楚了，或者不敢问下去，樊迟则不会放过。这样，孔子想发表自己高见的话，就诱导樊迟来问。据《论语·为政》，一次孟懿子向孔子问孝，则答以"无违"。孟懿子一定觉得自己清楚了，不就是听父母的话，做一个乖乖孩吗？对方不再问，孔子也就不再说了，然而孔子显然觉察出孟懿子很可能错会了自己的意思，因此就把与孟懿子的对话转述给了樊迟，樊迟则接着问："您说的'无违'是啥意思？"孔子这才告诉他谜底："父母活着的时候，按照礼节来侍奉父母；去世后，按照礼节来安葬，来祭祀他们（生，事之以礼；死，葬之以礼，祭之以礼）。"啊，原来孔子说的"无违"并不是简单听父母的话，而是按照礼仪来对待他们。这谁能想得到呢？如果不是樊迟这一问，估计孔子的话到现在还被人误解，岂止一个孟懿子！

一个善于思考、态度认真的学生，一定会发现孔子教育中的一个问题：孔子的教学内容，缺乏系统性，一致性，稳定性，很多解释，都是对当时当地的即兴发挥，甚至还带着个人的情绪。最典型的一个例子是司马牛问仁：

牛多言而躁。问仁于孔子，孔子曰："仁者其言也讱。"曰："其言也讱，斯可谓之仁乎？"子曰："为之难，言之得无讱乎！"（《史记·仲尼弟子列传》）

《论语·颜渊》也有这个记载，只是少了上面的第一句话。孔子本来就不待见爱说话的人，加上司马牛说话又不经过脑子，孔子的反感可以理解的。"讱"，话语迟缓。司马牛被老师的答案搞得一团雾水，"难道说话迟缓就是仁者吗？"那世界上的结巴不就是大仁之士吗？孔子的解释更不靠谱，"做起来都很困难，说话能不迟缓一些吗？"这都是哪跟哪呀！做事困难，先说出来，多征求别人的意见，难道就有害吗？孔子的回答带着对司马牛的强烈的反感情绪，甚至都有点儿不负责任。

孔子是个伟人，创办私立学校，开创了一个前无古人的业绩。那时，中央没有教育部，下面没有教育局，没有统编教材，没有教学大纲，更没有标准答案，孔子具有超人的睿智、洞察力，他把自己对人生经验的哲思告诉学生。这就自然带来一个问题：同样一个问题，答案的内容完全不一样。在孔子学院学习，如果一个学生认为自己什么都懂了，不是糊涂，就是在欺骗自己。像樊迟这样态度认真、善于思考的学生，对老师的教学，不会不感觉到困惑，不会没有疑问。

向孔子"问政"的人最多，孔子每次都有不同的答案。比如：

子贡问政。子曰："足食，足兵，民信之矣。"（《论语·颜渊》）

齐景公问政于孔子。孔子对曰："君君，臣臣，父父，子子。"（《论语·颜渊》）

子张问政。子曰："居之无倦，行之以忠。"（《论语·颜渊》）

> 在孔子学院学习，如果一个学生认为自己什么都懂了，不是糊涂，就是在欺骗自己。

孔子的话，应该说都对，都是政治生活的一个侧面。对同一个问题，如果是不同的人问，答案不一致，问题不大。上面的子贡、子张和齐景公，一定会有潘长江见姚明的感觉："高，实在是高！"然而，同样一个人，问同样的问题，答案不一致，问题就严重了。这突出地发生在樊迟身上。在短短一篇《论语》中，就记载樊迟向老师"问仁"三次，"问知"两次，而且有两次是两个同样的问题一起问。请看有关的记载：

樊迟问仁。子曰："居处恭，执事敬，与人忠；虽之夷狄，不可弃也。"（《论语·子路》）

樊迟问知。子曰："务民之义，敬鬼神而远之，可谓知矣。"问仁。曰："仁者先难而后获，可谓仁矣。"（《论语·公冶长》）

樊迟问仁。子曰："爱人。"问知。子曰："知人。"

樊迟未达。子曰："举直错诸枉，能使枉者直。"樊迟退，见子夏，曰："乡也吾见于夫子而问知，子曰：'举直错诸枉，能使枉者直'，何谓也？"子夏曰："富哉言乎！舜有天下，选于众，举皋陶，不仁者远矣。汤有天下，选于众，举伊尹，不仁者远矣。"（《论语·颜渊》）

樊迟问同样的问题，得到老师的答案全然不一样。所以，"樊迟未达"一点儿都不奇怪。更严重的是，老师的答案内容有些张冠李戴，或者说错乱。老师反复解释，樊迟还是不理解，又拿"举直错诸枉，能使枉者直"来问子夏，为什么这样呢？因为鲁哀公曾问孔子："何为则民服？"孔子对曰："举直错诸枉，则民服；举枉错诸直，则民不服。（《论语·为政》）"这显然是鲁哀公"问政"的答案，是政治家所关心的问题：如何行事才能让老百姓信服？而且你还必须有人事权，才能做到这一点。孔子跟樊迟这个学生说这样的话，真有些牛头不对马嘴！

子夏的话，看似有道理，也是为老师辩解，有拍马屁的嫌疑。樊迟所关心的是如何成为仁，子夏回答的是，如何选贤能之士，让不仁的人离开。结果，不还是仁者是仁者，不仁者还是不仁者吗？并没有回答樊迟的问题：什么是仁？如何才能成为"仁"？

有一点值得注意，樊迟也看出从老师那里得不到满意的回答，连问两次，还是一头雾水，就又去问自己的同学子夏。樊迟大概从这件事上看出，这个学校的教师水准和学生素质。这可能是他提出改专业的直接原因之一。

那么，同样一个问题，樊迟为什么会问那么多次呢？一个原因，可能是他确实不解，想弄清楚。但是也不排斥另外一种可能，樊迟已经发现了孔子教学上的问题，他故意问同样的问题，看看你老师的反应。也就是说，樊迟是个闷淘气，在捉弄自己的老师。孔子果不其然，在樊迟面前暴露了他教学上的弱点。

樊迟的专业技能也很了得。他给老师驾车，那次孔子游舞雩台，就是樊迟做司机。给孔子驾车，就相当于今天部长的专业司机那样，荣耀而有身份。可不是今天赶马车的，"御"可是那时的六种专业技能之一。

樊迟要从孔子的政法大学转到农业大学，折射出的问题并不简单，暴露了孔子教育中的一些明显缺陷：

孔子的教学内容，缺乏系统性、稳定性、一致性，让学生困惑不解。教学中的核心问题，老师说不清楚，学生更是觉得云山雾罩。在樊迟看来，与其学这些不切实际、大而无当的理论，还不如去学些实实在在的东西。

即使孔子只讲政治，樊迟提出学农业，也不该骂樊迟为小人。子贡向孔子问政，孔子你不是把"足食"放在第一位的吗？中国当代伟人邓小平，不也说过类似的话嘛，搞好政治的第一要事，就是解决老百姓的菜篮子问题。那么，如何"足食"，就是一个科学研究的问题。这是孔子知识上的一个盲点。如果孔子真正意识到樊迟所提问题的重要性，送他出国留学，然后任命他为孔子学院的农业系的主任，那么中国一所具有世界意义的大学就真正建立啦！中国这个农业大国也不会发生那么多灾难啦。当然，我们不能用今天的眼光来苛求孔子。

孔子对从事农业是有偏见的。如果不是这样，就不至于在周游列国时出现那幕尴尬场景。《论语·微子》记载，一次子路掉队了，遇到一位老人问："您看见我的老师了吗？"老人说："四体不勤，五谷不分，孰为夫子？"老人把木杖插在地上，开始除草，没再搭理子路。老人的话里透露出，他见到了孔子，但不承认他是"老师（夫子）"，因为他不仅不从事劳动，连最基本的农业知识都没有，麦子和谷子都分不清楚。老人的话也许有些局限性，但是孔子对从事农业的态度也是值得反思的，在农业社会里，懂点儿农业知识，应该是一个公民的必要知识，更不要说一个政治家了。

对樊迟要转专业这件事，后世学者，仁者见仁，智者见智，很多持批评的态度。比如鲍鹏山先生认为，这个樊迟也太不会"善假于物"啦，面对孔子这样一位大圣人，不去问如何修养道德，如何做学问，如何治国平天下，却去学种菜种地。要知道，我们对孔子的崇拜，跟樊迟对老师的体验，可能大相径庭。俗话说，距离产生美，相隔几千年的时空，几千年的宣传，孔子在人们心中已经被神圣化了。可是，樊迟天天看到自己的老师，老师对同样问题的答案前后不一致，学生有困惑，老师也不能解释清楚。特别是，樊迟还是老师的专职司机，老师的一言一行，都看在眼里，没有觉得跟普通人有什么两样。用个现在的比喻：那些高官，你能看到的是他西装革履坐在主席台上作报告，电视里被前呼后拥地视察工作，当然我们普通人会对这些高官产生敬畏心理，人家多牛！可是，假如你是这些高官的司机，感受就大不一样，可能看到袜子穿不好，早上不能按时起床，来不及刷牙，就匆匆忙忙坐车往单位赶。见了这些高官，你还会觉得他们高吗？这就是为什么当今社会存在一个普遍现象，专职司机往往得到高官的特殊照顾，因为他们啥短处都被这些司机看在眼里，啥秘密都瞒不过这些司机，你不对司机好一点儿，他们指不定哪天把你的事抖搂出去。樊迟这个专职司机，零距离看孔子，可能与我们今天的观感有天壤之别。更何况，孔子在当时没有人把他奉为圣人，只见他到处碰壁，到处受人挤对，狼狈不堪。

樊迟要转专业，透露出孔子学院的办学危机。那么，冉有干脆要退学，更折射出问题的严重性。请看下一章《冉有为何要退学》。

冉有为何要退学

孔子学院的危机已经现出端倪。樊迟要转专业，不跟老师学政治了，要改学农业。更严重的是，冉有干脆打退堂鼓，想退学了。

冉求曰："非不说子之道，力不足也。"子曰："力不足者，中道而废。今女画。"（《论语·雍也》）

我们的夫子是位伟人，但是在自我反省上还是有很大的改进空间。遇到学生要退学，应该认真想一下，是不是教学内容需要改善，是不是办学方针需要调整？不是说因材施教吗？每一个学生都应该培养成政治家吗？每个人都是这个材料吗？

孔子在外受各诸侯国的冷遇，现又后院失火。他心情能好吗？他能不急吗？国君咱还得客气点儿，对学生，我们的夫子就是急了就骂，骂樊迟是"小人"，对冉有的处理就更加严厉了，干脆开除他的学籍，还让弟子们敲锣打鼓地"欢送冉有"：

季氏富于周公，而求也为之聚敛而附益之。子曰："非吾徒也，小子鸣鼓而攻之，可也！"（《论语·先进》）

读者会说，且慢，这明明是冉有为季氏搜刮民财，孔子憎恶收敛不义之财的人。问题并不像表面上看起来那么简单，读《论语》一定要有一个系统观，把有关的事情放在一起来看，方能弄清问题的真相。

首先,季氏的大管家这个工作岗位,在冉有之前,子路和冉雍都干过。子路最早找到这个工作,他跟老师周游列国时,就引荐自己的师弟冉雍来接替。要开除学籍,首先是子路,杀一儆百,看以后谁还敢去做富人的管家。然而,孔子去哪里都把子路带在身边。对冉雍更是褒奖有加,"孔子以为有德行(《史记·仲尼弟子列传》)",并宣称"雍也可使南面(《论语·雍也》)",就是说,冉雍是块做大官的料。冉雍做季氏宰的时候,向孔子请教如何干好工作,孔子还耐心地告诉他:"做事先给有关官员带个头,宽赦他们的小错误,推举贤良的人才(先有司,赦小过,举贤才《论语·子路》)。"

显然,是否应该做季氏大管家这件事上,孔子用了双重标准:子路仍是自己的爱徒,认为冉雍有德行,然而,冉有则被开除学籍。

对冉有的处分,不仅是不公平的,骂都不应该骂。为什么呢?夫子你开的不就是一个政法大学吗?樊迟要学农业,你不是骂他没有出息,应该有更大的理想,将来从政,做官拿俸禄。要从政,谁能一步到位,一夜之间成为国君?还不都得从基层做起。季氏是鲁国权倾一时的大臣,做他家的管家,就相当于现在中央直属部委的秘书长,不仅是再好不过的锻炼机会,而且前途无量。孔子学院实际上是为当时政界培养人才的机构,还有很多孔子的弟子都去做了各地大臣的管家。

冉有得到最严厉的处分,我认为,他要打退堂鼓,只是其中原因之一,而且不是最主要的原因。在孔子看来,冉有还有更严重的历史问题。

第一,冉有私自挪用公款,而且数额巨大。

> 读《论语》一定要有一个系统观,把有关的事情放在一起来看,方能弄清问题的真相。

《论语·雍也》记述，公西华出使齐国，冉有请求老师给公西华的母亲一些小米。孔子答应给六斗四升，冉有觉得少，请求再加一点儿。孔子又追加了二斗四升。咱们的夫子确实可敬，好说话，也不小气。然而，冉有自作主张，竟给了八百斗，是老师许可的一百倍！不知道是记录有误，以讹传讹，还是另有特殊的原因，冉有怎么会给公西华的母亲这么多小米呢？但是，冉有给的确是比孔子答应的多出许多，这一笔援助，巨大地改变了公西华家的经济状况，使他家一跃成为富人阶层。这从孔子的抱怨中可以看得出来："我听说过，君子周济急需的人，而不是使人变富（吾闻之也，君子周急不继富。《论语·雍也》）。"

幸好，冉有不是给自己的母亲，否则性质就变了。搁现在，够得上"双规"了。

第二，冉有风头太健，占了老师的工作岗位。

前面我们讲过，根据《史记·孔子世家》的记载，孔子治理鲁国初见成效之时，齐国使用美人计，季桓子三日不朝，气走了孔子。孔子开始了长达十四年之久的如丧家狗的生活。孔子困窘之时，也许会对这次愤然辞职感到有些后悔，他说"小不忍则乱大谋"，大概也是自己的一种反省吧。孔子周游诸侯国时，对现任的鲁国国君从不公开批评，还往往袒护他们。恐怕这也是孔子想给自己留一条后路，期待有朝一日，重新被召回鲁国从政。

这个机会终于来了。根据《史记·孔子世家》，孔子周游列国十年左右，季桓子病重，临死之前，驾车巡视鲁国国都，幡然悔悟，感叹道："如果不是我气走了孔子，鲁国就富强起来了。"季桓子还告诫他的儿子季康子，"你做了宰相，一定要把孔子召回来。"后来季康子确实打算再让孔子重返鲁国政坛，然而公之鱼劝阻道："我们的先君用孔子没有用到头，最后被各诸侯国耻笑；现在再用孔子，如果再不能共事到头的话，那就又会被各诸侯国耻笑。"公之鱼话中有话，你老爸就是喜欢美色，气走了孔子；有其父必有其子，你小子跟老爸爱好相同。孔子是个只讲原则、不讲灵活性的人，那一定还是同样的结局。本来喜欢女色这点儿小爱好，哪个国君、大臣没有，但是孔子是个名人，他的反应可能引起轰动效应。季康子一听，此话有理，跟公之鱼一合计，召冉有回来。从冉有私自决定给公西华母亲那么多小米来看，他是一个很有灵活性的人。季康子的这种安排，对父亲临终嘱托也有一个交代，也留给自己更多的自由空间。

孔子对女性的态度，也让他失去了被聘任的机会，而且是最后、最好的机会。

所以，从某种意义上说，冉有占了本来属于老师的机会，也让孔子失去了人生中最后一次做官的机会。此时的孔子已经65岁左右了。孔子心情能平静吗？

季康子召冉有时，正是孔子一行在陈、蔡之间最狼狈的时候。孔子的第一个反应是："鲁人召求，非小用之，将大用之也（《史记·孔子世家》）。"孔子为什么会这样肯定冉有一定会得到重用呢？因为他心里清楚，这个位置本来是给他的，本来他应该官复原职。冉有回鲁国的这一天，孔子说了下面一段话，这在《史记·孔子世家》和《论语·公冶长》中都有记载。

"归乎！归乎！吾党之小子狂简，斐然成章，吾不知所以裁之。"

"狂"，指心气很高；"简"，指行为粗率。孔子看到眼前这个学生，心里很复杂，也很无奈。在老师眼里，冉有你还没有准备好担当这一大任。冉有大概也没有谦虚，更没有谦让，就踌躇满志，跃跃欲试，自己就想干一番大事业。孔子是很不喜欢这种人的。孔子喜欢的是漆雕开这样的学生，他让漆雕开去做官，漆雕开回答说"我对能不能做好官还没有信心（吾斯之未能信《论语·公冶长》）"。于是乎，"子说（高兴）"。孔子又很无奈，人家召的是冉有，总不能说"你别去，让我去"。与此同时，孔子可能也有一种成就感，看，自己的弟子也出息了，可以独当一面了，也不用自己管了，自己也管不住了。

子贡明白老师的心理，送冉有走时，告诫他："你上任以后，乘机把老师也弄回去。"冉有不负众望，上任的第二年就带兵与齐国打仗，结果大胜。季康子就问，"你的军事才能是从哪里学来的？"冉有回答，"是从我老师那里学来的。"冉有乘机向季康子大肆夸耀了一番孔子的能耐，季康子隆重把孔子从卫国迎回，使他结束了十四年的流浪生活，晚年专心著述，给后世留下了许多宝贵的文化典籍。

冉有确实是个很有灵活性的人，为了让老师回来，他可以说谎，可以夸大其词。孔子哪里懂军事呀！一生中关于军事没有只言片语。卫灵公向他请教领兵打仗的事，他也坦率地告诉人家，我没有这方面的知识。

现在清楚了，孔子要开除冉有，取消他的学籍，还让其他弟子敲锣打鼓来攻击冉有，就是这次冉有被季康子召回一事。他是带着强烈的个人情绪说这话的。我们后人应该理解孔子说这话的心情。孔子自己也一定感受到了，你看，弟子出息啦，我这当老师的也面子有光，还被人尊崇。让孔子结束十四年的流浪生涯，给他晚年一个安静的工作环境，衣食无忧，专心从事文化建设，冉有是第一功臣！

不要错以为，冉有说自己没有能力学孔子的理论，就觉得他是个缺乏悟性，不求上进的人。冉有的能耐很了不得，他做季氏宰，既可以管理，又可以领兵打仗。如果不是他工作出色，季康子怎么会善待他的老师呢？

冉有是一个很务实，技艺非凡的人。一次子路问孔子，怎么样才能成为一个完美的人。孔子说："像臧武仲那样有智慧，公绰那样不贪，卞庄子那样勇敢，冉有那样多才多艺，就是一个完美的人啦（若臧武仲之知，公绰之不欲，卞庄子之勇，冉求之艺，文之以礼乐，亦可以为成人矣。《论语·宪问》）。"可见，孔子是非常赞赏冉有的技能的。

冉有还有一个让孔子不待见的特点，他跟宰予、子贡一样，都是利口善辩，侃侃而谈。前面我们讲过，子路平常是孔子的监督员，所以孔子对子路有点儿烦。孔子对冉有也有点儿烦，只是烦的原因有所不同。一次季子然问："仲有（子路）、冉求（冉有）可以叫做大臣吗？"孔子则很不耐烦地回答："我还以为你问别人呢，竟问这两个人（吾以子为异之问，曾由与求之问《论语·先进》）。"孔子对这两个人的不耐烦情绪跃然纸上，认为他们俩顶多是管理具体事务的官员。

值得思考的是，我们发现孔子弟子中这些能言善辩的学生，个个都很有出息。你做一个政治家，特别是外交家，要跟人打交道，要宣传自己的理念，说服别人，不会说话能行吗？看看美国的政治家，哪一个不是口才出众，竞选的时候，你要说服大家投你的票，选上以后，你还要说服国会议员执行自己的政策。中国的文化缺点之一就是，对善于言辞的有一种偏见。在说话技巧上，我们的政治家与西方政治家之间存在着明显的差距。这些与儒家文化影响不无关系。

樊迟和冉有，都是身怀技艺，讲究务实。他们哥儿俩，一个要转学，一个要退学。这折射出孔子教育中的问题，大而无当，捉摸不定，不切实际。他们俩的人生道路也说明，具体技艺与从事政治不仅不矛盾，而且相辅相成。冉有、子贡等都成为业绩突出的一流政治家，就是一个明证。

宰予为何被骂为垃圾

被名人夸过的，可以万古流芳；被名人骂过的，则可以遗臭万年。

颜回是孔子树立的好榜样，道德标兵，学习模范，则美名传万古；宰予是孔子认定的坏典型，反面教材，则成了后世学生的反面教材。即使今天八九岁的小孩很多都能背诵下面一段：

宰予昼寝。子曰："朽木不可雕也，粪土之墙不可圬也，于予与何诛？"子曰："始吾于人也，听其言而信其行；今吾于人也，听其言而观其行。于予与改是。"（《论语·公冶长》）

孔子骂得太精彩了，太痛快淋漓了，几乎每句话都是名句格言，都是成语。孔子心中的千言万语，万语千言，可以概括成一句话：宰予，你是个垃圾，我都找不到更难听的话来骂你了（于予与何诛）！

《论语》的安排，关于宰予的上段话，前后的内容都是其他方面的，与宰予无关。只看到宰予白天睡觉"昼寝"，就会想到我们的圣人自己酷爱学习，对懒惰的学生极为反感。其实，任何一个有头脑的人只要稍微琢磨一下，就会觉得问题不那么单纯。我们做老师的，看到学生白天睡觉，首先应该调查一下，学生是不是生病了，晚上是不是开夜车了，或者去做好人好事了，而不是破口大骂。

孔子的激烈反应，让后世不解。汉代王充都认为孔子对宰予太刻薄了，睡了一个懒觉，不算太大的罪过，何至于被骂成"粪土"？今人鲍鹏山认为，可能孔子对宰予有成见[1]。

司马迁在《史记·仲尼弟子列传》给我们揭开了这背后之谜。司马迁是位史圣，但是他的价值观念、道德评论，往往不是直接说出来的，而是通过事件的顺序编排、剪裁而体现出来的。其中关于宰予的事迹，前两段是这样的：

宰予字子我。利口辩辞。既受业，问："三年之丧不已久乎？君子三年不为礼，礼必坏；三年不为乐，乐必崩。旧谷既没，新谷既升，钻燧改火，期可已矣。"子曰："于汝安乎？"曰："安。""汝安则为之。君子居丧，食旨不甘，闻乐不乐，故弗为也。"宰我出，子曰："予之不仁也！子生三年然后免于父母之怀。夫三年之丧，天下之通义也。"

宰予昼寝。子曰："朽木不可雕也，粪土之墙不可圬也。"（《史记·仲尼弟子列传》）

司马迁把孔子骂宰予那段话大大缩减了，前面则是详细的一段宰予与老师之间的一场辩论。这样，读者很容易在这两件事之间产生联想，觉察出其间的因果联系。《论语》也有宰予与老师辩论的记载，不仅在文字上有所出入，而且放在《阳货》一章，使人们不容易在两件事中产生联想。孔子的弟子编写《论语》，看似编排没有章法，内容编排上有些乱，实质上也经过精心剪裁，有明显的为老师讳的味道。

---

[1]《新读论语》，复旦大学出版社，2009年。

这下答案就明确了。宰予天性好辩，连老师的主张都怀疑，就属于老师不待见的那类。孔子很反感这类人，短短的一部《论语》，就有两次出现"巧言令色，鲜矣仁！"第一章的第三句话就是这个，第十七章的《阳货》中同一句话又出现了一次。学生编排老师的言论时出现这种重复编排的现象的原因，大概是老师经常挂在嘴边的一句话，留给学生的印象太深刻了。孔子还有很多批评"巧言"者，诸如"巧言乱德（《论语·卫灵公》）"啦，"利口之覆邦家（《论语·阳货》）"啦，不一而足。在孔子看来，会说话本身就是一种错误，不管你说的内容如何。我们还会在其他部分谈到，孔子自己拙于言辞，所以他特别讨厌善辩者，他的很多有关评论值得反思。

> 在孔子看来，会说话本身就是一种错误，不管你说的内容如何。

这下问题就严重了，孔子骂宰予实际是在报复。

宰予对老师的父母去世服丧三年的主张，提出了自己的看法。他的理由有两点：

第一、对精神文明建设不利，君子三年不习礼，不练乐，必然导致礼坏乐崩。

第二、对物质生产有害，春种秋收，三年不从事农业生产，吃什么呀？

所以，宰予认为服丧一年就够了（期可已矣）。

孔子反对的理由也有两条：

第一、小孩出生后，在父母怀抱三年才离开，大概是指母亲喂奶要喂三年。

第二、服丧三年是天下共同执行的准则。

如果我们把这看作一场大学生辩论赛，主题是"父母去世要不要服丧三年"。甲方是宰予，乙方是孔子。任何一个读者，让你做裁判，你如何判定。我给宰予的分数是100分，孔子的则是30分。

宰予的理由充分、有力，孔子的两条都站不住。小孩三岁不吃奶后，还要得到父母的关爱，父母关爱孩子那是一辈子的事，难道一个人就要给父母服丧一辈子吗？孔子的第二条是典型辩论中的逻辑错误，以权威作为证据，拿"天下之通义"来压人。其实这也是不符合当时的事实的，很多诸侯国都没采纳这一制度。

事实上，关于守丧三年的礼制，那时候持反对意见的就不少，比如，据说也是孔子学生的墨子，就对这三年之丧深恶痛绝，大加挞伐。并且真正实行的人也不多，据《孟子》载，连孔子的父母之国、礼乐文化最昌盛的鲁国也没有实行（《孟子·滕文公上》）。

宰予是我见到的孔子弟子中最可爱的一个学生。当老师反问他"这样做于你心安吗（于汝安乎）？"显然，老师来情绪了，很多学生则可能见机行事，连忙改口，安抚老师。宰予则是干干脆脆回答一个字："安！"然后就走了。我们见到孔子的其他学生，哪一个敢这样对待老师？都是毕恭毕敬，唯唯诺诺，子张甚至听了老师的一番教诲，把老师说的话赶快写在雪白的腰带上。宰予敢这样，那真是大逆不道！也难怪夫子发那么大火，宰予这个学生也太另类啦！

我读《论语》，发现夫子有一个习惯，很多时候都是人走之后，背后再嘀咕、再骂人。这次跟宰予的对话也是这样，宰予走了以后，孔子才把自己的理由咕哝出来，大概孔子也觉得自己的理由不那么过得硬。

背后说人不好，这个习惯可以追溯到我们的圣人。

孔子这次骂宰予，显然是出于成见。不要说孔子被奉为"万世师表"，就是今天要评"模范教师"，都不是那么完全过硬。

那么，宰予到底是一个什么学生，他为什么提出这个让老师不高兴的问题，孔子最终原谅宰予了没有，请看下章《宰予是垃圾学生吗》。

宰予是垃圾学生吗

易中天先生在《先秦诸子百家争鸣》[1]对此有个评价：当然，事实上宰予并不是骗子，而是一个很有作为的人：不仅做了临淄大夫，而且后来子贡搞"造圣运动"，宰予也是出了大力的。据《孟子·公孙丑》，宰予甚至说，"以予观于夫子，贤于尧舜远矣"，意思是尧舜都比不上孔子。好嘛！孔子一顿臭骂，骂出个"骨灰级"的忠实信徒。

然而，在我看来，宰予这个对老师的"骨灰级粉丝"，并不是被"骂出来"的，而是本来就是。他是真正热爱他老师的理论，真正琢磨透了他老师的理论，真正渴望他的老师的理论早日实现。所以，不管老师怎样对待他，他仍然会痴心不改。

宰予清楚，老师最痛心的是当时礼崩乐坏的现实，梦寐以求的是恢复周朝的礼乐制度。然而宰予发现老师的远大理想与他的具体政策之间有矛盾，君子服丧三年这个规矩是有碍这个远大理想早日实现的。宰予才是孔子真正的好学生啊！被打成反面典型，宰予不仅没有怨恨，反而在孔子死后，积极倡导老师的理论，与子贡一起把孔子推向圣坛。

隔两千多年的时空，我顾不上给孔子的这位弟子平反，我

---

[1] 上海文艺出版社，2008年。

只想深深地给他鞠一躬：宰予，你真是好样的！

其实，孔子在主张丧葬制度上是吃过大亏的。孔子大约三十五岁的时候来到齐国，做了高昭子的家臣，有机会接近齐景公。齐景公问孔子怎么治理国家，孔子说到"*君君，臣臣，父父，子子*"。齐景公觉得，高，实在是高，社会没有秩序的话，他这个国君怎么能够享受荣华富贵（*善哉！信如君不君，臣不臣，父不父，子不子，虽有粟，吾岂得而食诸！*）？于是乎，齐景公就想把尼溪的田地封赏给孔子。大臣晏婴出来劝阻，其中一个理由就是：他们重视丧事，竭尽哀情，为了丧葬隆重而不惜倾家荡产，不能让这种做法形成风气。结果，齐景公就对孔子说："我已经老了，不能用你了。"孔子失去了一次宝贵的机会。

执着是可贵的，但拘泥而不知变通，缺乏反省精神，则是不可取的。这些缺点在我们的夫子身上常常可以看到。

孔子对宰予还没完没了，死都不原谅他。

一次，宰予问孔子"五帝之德"，孔子则回答"我不是你问问题的那个人（予非其人也）！"这是什么话呀！人家学生提着腊肉来跟你学习，你的职业就是回答学生问题。再有情绪，也不能这样呀！孔子被奉为"万世师表"，易中天又把他选为"模范教师"。光凭对宰予的这种态度，我觉得这些光荣称号就得打上折扣。自然，这些记录，只见于司马迁的《史记·仲尼弟子列传》，《论语》是不会记载的，可能弟子们也觉得老师这种做法不那么靠谱。司马迁在《史记》的第一章《五帝本纪》，还特别提到这件事：孔子所传宰予问五帝德及帝系姓，儒者或不传。司马迁是在这一章的总结部分"太史公曰"说这句话的，可见他是多么遗憾呀：如果夫子不那么来情绪，我们后人也可以知道他对五帝的高见。

《史记·仲尼弟子列传》记载，宰予为临淄大夫，与田常作乱，遭到灭族，孔子还以有宰予这个学生感到羞耻。跟学生之间有什么大不了的事，再大的仇，再大的恨，毕竟是自己的学生，学生不测，家族遭到这样的不幸，不正是孔子自己一以贯之的道"恕"派上用场的时候吗？唐朝司马贞在《史记索隐》中指出，这可能是当时的一个误传，《左传》记载相涉的人叫"子我"，宰予的另外一个叫法是"宰我"。孔子死后，宰予还在"造圣运动"中成为得力干将，可见是误传。不管怎么说，孔子对待宰予的态度，仍然具有商榷之处。

孔子关于宰予还作了两次人生经验的总结，一次就是宰予昼寝，孔子说的"始吾于人也，听其言而信其行；今吾于人也，听其言而观其行（《论语·公冶长》）。"后来孔子又收了一个叫"子羽"的学生，长得很丑，孔子觉得他笨（以为材薄），可是后来子羽很有出息，弟子三百，名声远播诸侯。可见，我们的夫子也不免俗，跟今天的很多博士生导师一样，也想招养眼的弟子。子羽出息以后，孔子又作了这样的人生总结：

吾以言取人，失之宰予；以貌取人，失之子羽。（《史记·仲尼弟子列传》）

对孔子上面这句话可以做两种截然相反的解读。一种解释是孔子幡然悔悟，认识到宰予的话虽然不中听，但是这个人的本质还是很好的。这一解释的优点是，与子羽的情况平行，子羽虽然貌丑，但是人还是很能干的。但是这一解释的最大问题是，孔子听到宰予死时，仍然"耻之"，这与听到子路在卫国内乱中死亡的反映完全相反，可见孔子并没有原谅宰予，自然也谈不上理解了。另一种解释是，与孔子说的那句话"始吾于人也，听其言而信其行"相照应，宰予曾经在孔子面前表过决心，话说得很漂亮，孔子信以为真，觉得宰予是个好学生，结果发现不是那么回事。第二种解释的优点是，孔子前后的言行都一致起来了。

宰予自己虽然是不幸的，千古留骂名。小学一二年级的学生，甚至幼儿园的小朋友，大都开始"骂他"，知道宰予是"粪土"，是"朽木"，也就是大人嘴里的"垃圾"。但是宰予的贡献巨大：他让夫子作了两次人生经验的总结，夫子由此也增加了人生智慧；更重要的是，让孔子说一大串的名言警句，今天人们还在活学活用。就在台湾的阿扁上台伊始，《人民日报》发表的一篇社论中还说道，"要听其言而观其行"。

宰予是个善于思考，敢于质疑的学生。他还有很多问题，敏锐，犀利，让老师感到头疼。下面略举数端，以飨读者。

《论语·八佾》记载，一次鲁哀公问宰予，祭祀土地神的牌位用什么木料。宰予答道："夏后氏以松，殷人以柏，周人以栗，曰使民战栗。"孔子听说了以后非常生气，说："成事不说，遂事不谏，既往不咎。"令孔子不悦的是宰予解释周朝用栗木，目的是让老百姓战栗。当然，宰予的说法有些牵强附会，难道夏朝用松树就是让老百姓"松松垮垮"吗？其实，宰予的说法并不是他的独创，是从他的老师那里学来的。孔子也曾经靠谐音来解释字词的含义。一次季康子问孔子怎么样搞政治，孔子说："政者，正也。"你自己身正，别人怎么敢不正。孔子的话一样地牵强，难道政治家该做的，就是一个道德模范，自己管好自己，整个国家就自然而然治理好了？这种解释也太简单了，也太幼稚了。宰予顶多也是活学活用老师的方法，大概他还期待着老师的表扬呢！没想到老师的一瓢冷水泼来。

有一次宰予还问老师，"如果有人告诉仁者，井中有'仁人'，他会不会跳下去跟随呢？"这又惹恼了老师，孔子说"怎么会有这种情况出现呢？君子可以走开，不可以陷害他；君子可以上当受骗，但不可以愚弄他（何为其然也？君子可逝也，不可陷也；可欺也，不可罔也《论语·雍也》）。"其实，宰予并不是有意刁难老师，他是想落实一下，老师说的话是不是玩真格的，因为老师您不是说过这样的话，"志士仁人，无求生以害仁，有杀身以成仁（《论语·卫灵公》）"。宰予只是想用一个假设，印证一下老师的话。孔子发的真是一些无名之火。

宰予的胆子很大，啥都敢问。根据《大戴礼记》，宰予一次问老师："容伊说黄帝活了三百年，请问黄帝是人么？是人，怎么能够活三百年呢？"孔子的回答也出乎人们的意料："黄帝活着时人们得到他的恩惠一百年，他死后人们敬畏他的灵魂一百年，离开人世后人们用他的教导一百年（生而人得其利百年，死而人畏其神百年，亡而人用其教百年）"，这不正好三百年吗？

孔子的辩解，让我想起了2009年春节联欢晚会上赵本山的小品《不差钱》，他对他十几岁的小孙女说，"你可要为爷爷争点儿气，爷爷已经培养你四十多年啦！"小孙女纠正道："爷爷，我才多大呀？"赵本山说："我不是培养你爹还有二十多年吗？"其实，孔子的辩解比赵本山的话更不靠谱，根据当时的营养和医疗条件，即使活百年也是一种神话。宰予的问题再正常不过了，因为他看到现实世界中一个人不可能活到三百岁。

宰予也确实有种，啥都敢怀疑。他忘记了老师的一句告诫："君子有三畏：畏天命，畏大人，畏圣人之言。小人不知天命而不畏也，狎大人，侮圣人之言（《论语·季氏》）。"宰予显然是犯了"狎大人，侮圣人之言"的错误。按照孔子的规矩，宰予较真儿，就该批评。

孔子骂归骂，反感归反感，宰予的能力还是无法被否认的。《论语》还是把宰予归为四科之一"言语"的最杰出的两个代表之一，另一个就是子贡。不过这可能是同学们的一致看法，并不代表孔子的观点，因为有关部分并没有"子曰"的字样。难道宰予的能力仅仅是表现在最善言辞上吗？不是的。

宰予的治理才能，在当时已闻名各诸侯国。《史记·孔子世家》记载，楚昭王打算把七百里的书地封给孔子，大臣子西劝阻道："大王有没有像子贡这样具有外交才能的人？"楚王答道："没有。"子西接着问："大王有没有像颜回这样有辅佐才能的人？"楚王回答："没有。"子西又问道："大王有没有像子路这样具有军事才能的人？"楚王又说："没有。"最后，子西问道："大王有没有像宰予这样具有管理才能的人？"楚王也是说："没有。"（"王之官尹有如宰予者乎？"曰："无有。"）从子西与楚昭王的对话中可以推出，当时社会已普遍认为，宰予是孔子弟子中治理才能最好的，而且是个不世之才，整个楚国这么一个大国都找不到。

孔子学院真是一个人才库，具有当时最佳的外交部长、总理大臣、国防部长、内政部长。这也难怪，孔子到齐国和楚国，都是国君想封他，大臣则拼命找理由反对。好嘛，你孔子不仅拥有一种治国理念，还带着一套领导班子来啦。假如国君重用你，我们这些大臣不就得下岗吗？所以，不反对你，反对谁？

同时，宰予对孔子理论的发展作出了杰出的贡献。孔子去世后，他与子贡一起把老师推向了圣坛。宰予所设计的广告台词就是："以予观于夫子，贤于尧舜远矣（《孟子·公孙丑》）。"也就是现在的广告技巧，我的产品比市面上流行的最好产品还要好出许多。听说了这话，能不被雷倒吗？孟子还认为，宰我、子贡、有若三人，最有智慧，最能了解老师的理论，热爱老师的理论，但并不曲意逢迎老师（**智足以知圣人，污不至阿其所好**）。这是何等高的评价！

由于受儒家思想的深刻影响，人们的思维有一个常见的误区：想当然地认为，能言善辩者，往往就是华而不实，夸夸其谈的。然而，现实世界中，木讷者也往往智商情商都不高；善于言辞者，往往具有较高的洞察力，出众的工作能力。

司马迁在《史记·仲尼弟子列传》中着墨最多的三个学生，第一个是子贡，第二个是子路，第三个就是宰予。由此可见他对宰予的偏爱程度。最后，太史公还感慨道："学者多称七十子之徒，誉者或过其实，毁者或损其真。"孔子夸奖最慷慨的弟子是颜回，批评最严厉的则是宰予。太史公的话是有所指的。我们整个教育界都应该思考这样一个问题：

为了保持一个民族的活力和创造性，我们是更需要颜回这样的"好学生"呢，还是更需要宰予这样的"坏学生"呢？

读了宰予的事迹，我深深地觉得，几千年来中国教育最值得反省的之处就在于，太多太多的像宰予这样的学生，被误解，被压制，被扼杀。我从教几十年，最后用下面一句话与教育界的朋友们共勉：

鼓励有个性的学生，鼓励有自己见解的学生，特别是能够宽容与自己见解不同的学生，我们每个教育者都要不断提醒自己，这是一件很难的事情，连圣人都很难做到，如果我们做到了，那么我们自己就是一个超圣人，即超越圣人之人。

孔子为什么**最爱颜回**

孔子一生中，批评的学生多，表扬的学生少，而且他把表扬的话都集中在一个人身上。这个人就是颜回。

孔子夸颜回最为慷慨，一步到位，把话说得都很满，不留余地。孔子就像唱咏叹调那样赞美颜回：

子曰："贤哉，回也！一箪食，一瓢饮，在陋巷。人不堪其忧，回也不改其乐。贤哉，回也！"（《论语·雍也》）

家具只有一个竹篮子，一个舀水的瓢，粮食也只剩下那一点儿，住在穷巷子里。谁都受不了，可是颜回却乐在其中。颜回真是一个由特殊材料制成的人，难怪孔子那么称赞他。

孔子提倡的就是颜回这种生活："饭疏食、饮水，曲肱而枕之，乐亦在其中矣！不义而富且贵，于我如浮云（《论语·述而》）。"这话如果不是出自圣人之口，人们可能不会认为其中一定有高尚的道德情操，而会觉得这是一个典型的懒汉形象的写照：一个大男人，啃点窝窝头，喝两口矿泉水，枕着自己的胳膊躺在地上，哼着小调，仰望着蓝天，骂那些富人都是混蛋……放在今天，这种人恐怕连个媳妇都找不到。这使得我想起宋丹丹刚出道时演的一个小品，她念着台词出场："俺叫魏淑芬，女，今年二十九岁，至今未婚。"相亲的男方叫潘富，家里只有一个纸箱子和几个气球，躺在地上自得其乐。潘富可能是孔子所称赞的那类，但不是魏淑芬所追求的那种。

孔子逢人都夸颜回。一次季康子问："弟子孰为好学？"孔子回答说："有颜回者好学，不幸短命死矣！今也则亡（《论语·先进》）。"也就是说，只有颜回一个人称得上"好学"，他死了以后，好学的人也就没了。我也很纳闷，孔子学院那么多学生都是来干什么的？

鲁哀公问孔子："弟子孰为好学？"孔子的回答就更过了："有颜回者好学，不迁怒，不贰过。不幸短命死矣！今也则亡，未闻好学者也（《论语·雍也》）。"颜回死后，孔子这么一个博学的人，连听都没有听说过好学的学生。

"好学"，在孔子看来可是一件了不得的事情。这是孔子自命不凡的地方："十室之邑，必有忠信如丘者焉，不如丘之好学也（《论语·公冶长》）。"好学比忠信更难能可贵。一个人不好学，各种毛病都有了。

子路是跟颜回相反的那类人，不大爱读书，也不大看得起读书，起码是对读书的重要性认识不够。据《论语·先进》，子路派没有学成的子羔到费城作邑宰，孔子说："你这不是害人家子弟吗？"子路则振振有词："有民人焉，有社稷焉。何必读书，然后为学？"在子路看来，工作也是一种学习，搞得孔子老大不高兴。孔子感觉要提高一下子路的觉悟：

子曰："由也，女闻'六言六蔽'矣乎？"对曰："未也。""居！吾语女。好仁不好学，其蔽也愚；好知不好学，其蔽也荡；好信不好学，其蔽也贼；好直不好学，其蔽也绞；好勇不好学，其蔽也乱；好刚不好学，其蔽也狂。"（《论语·阳货》）

孔子这次是很有针对性的、相当严肃的一次对话。孔子说："仲由，你听说过六种德行和六种弊病吗？"子路回答："没有。"孔子说："坐下！我告诉你。爱仁德却不爱学习，其弊病是愚蠢；爱智慧却不爱学习，其弊病是放荡；爱诚实却不爱学习，其弊病是固执；爱正直却不爱学习，其弊病是尖刻；爱勇敢却不爱学习，其弊病是悖乱；爱刚强却不爱学习，其弊病是狂妄。"不知道子路能够领会多少。不学习可以带来这么多缺点，那么爱好学习的颜回自然优点多多。

孔子太爱颜回了，由此而带来了很多不寻常的举措。

孔子不喜欢哪个弟子，就把颜回端出来，让他们自己跟颜回比，自觉找差距。根据《史记·仲尼弟子列传》，子贡利口巧辞，孔子经常折挫他（常黜其辩），就问"你跟颜回相比，谁好（汝与回也孰愈）？"子贡是个聪明人，知道老师为啥问这个问题，也不愿惹老师生气，老师一天到晚嘴上挂着"贤哉回也"，"贤哉回也"，因而答道"我怎么敢跟颜回比？颜回呢，听到一而知道十；我呢，听到一而知道二（赐也何敢望回！回也闻一以知十，赐也闻一以知二）。"

孔子夸颜回甚至到了不顾及别的弟子感受的地步，一次就夸出了问题，引起了与大弟子子路之间的一场争吵。根据《论语·述而》，孔子有一次当着子路的面，又开始夸颜回了："用了就去干，不用就隐居起来。只有我和你能够做到这样吧（用之则行，舍之则藏，唯我与尔有是夫）！"实际上就是说，"仲由你做不到这一点。"子路很不服气，说："老师您如果统帅三军去作战，那么，您让谁去给您领兵打仗呢？"子路清楚，颜回是个文弱书生，除了谦虚、谨慎，没有显示出处理什么具体事物的能力。孔子的回答也很绝："赤手空拳打老虎，蹚水过河，死了都不知后悔的莽撞人，我不和他在一起（暴虎冯河，死而无悔者，吾不与也）。"孔子说的也是情绪化的语言，并没有回答子路的问题："你行军打仗需要谁？"其实，打仗不正是需要孔子说的"莽撞人"吗？有了军师，还需要有执行任务的人。

孔子看到别的学生生活条件改善了，也为颜回鸣不平。孔子看到子贡经商赚了大钱，感慨道："回也其庶乎！屡空。赐不受命，而货殖焉，亿则屡中（《论语·先进》）。"在孔子看来，颜回这个好学生，道德学问都差不多达到标准了，可是常常穷得叮当响。子贡不安本分，去做买卖，猜测市场行情却常常能猜中。孔子认为子贡经商是"不受命"，颜回才是个听老师话的好学生。孔子也可能觉得，老天有眼无珠，怎么不让这位最好学的阿回也走点儿财运？

颜回安贫乐道，据《史记·仲尼弟子列传》记载，他二十九岁头发就全白了，四十岁就死了。颜回去世那年，孔子七十一岁，孔子哭颜回，可谓感天动地。孔子痛哭流涕地说："哎呀！这是老天要我的命，这是老天要我的命（噫！天丧予！天丧予）！"旁边的人说：先生太悲痛了！孔子说，"我不为这样的人悲痛，又为谁悲痛（有恸乎？非夫人之为恸而谁为《论语·先进》）！"师生之情，感人至深！

"仁"，孔子理论中最高的道德规范，因此他决不将"仁"轻许人。"仁"是与"圣"平行，甚至更高的道德境界，孔子自己都不敢承认已经达到，"若圣与仁，则吾岂敢？抑为之不厌，诲人不倦，则可谓云尔已矣（《论语·述而》）！"一次孟武伯问孔子，子路、冉有、公西华算不算仁，孔子直摇头（《论语·公冶长》）。得到孔子"仁"的称号的难度之高，绝不亚于今天的诺贝尔奖，只有少数古代圣贤才配得上。然而孔子把这个光荣称号的"半顶

孔子为什么最爱颜回

得到孔子"仁"的称号的难度之高，绝不亚于今天的诺贝尔奖，只有少数古代圣贤才配得上。然而孔子把这个光荣称号的"半顶头衔"慷慨地送给了颜回。

头衔"慷慨地送给了颜回："回也，其心三月不违仁；其余，则日月至焉而已矣（《论语·雍也》）。"颜回啊，他已经可以做到三个月不违背仁德，其余的学生只是偶然想到仁而已。

孔子是把颜回看作自己的儿子的。这表现在对颜回后事的安排上。颜回死了，弟子们要厚葬他。孔子说："不可以。"弟子们仍然厚葬了颜回。孔子说："阿回呀，你看待我如同父亲，我却不能看待你如同儿子啊，我是想照当初安葬孔鲤的样子来安葬你啊。现在这样不是我的主意啊，是你师兄弟们干的（回也，视予犹父也，予不得视犹子也。非我也，夫二三子也《论语·先进》）。"这里也透露出一个讯息，颜回对孔子就像孔鲤那样，是把他作为父亲看待的。可是，孔子对颜回可比对自己儿子孔鲤好多了，因为从来没有见过孔子夸孔鲤。

因为孔子把颜回捧得最高，颜回在后世的追封追谥也最高。自汉代起，颜回被列为七十二贤之首，有时祭孔时独以颜回配享。此后历代统治者不断追加谥号：唐太宗尊之为"先师"，唐玄宗尊之为"兖公"，宋真宗加封为"兖国公"，元文宗又尊为"兖国复圣公"。明嘉靖九年改称"复圣"。山东曲阜还有"复圣庙"。

然而，这些帝王们想没想过这样的问题：孔子为何这么偏爱颜回呢？颜回究竟好在哪里？请看下章《颜回为何老是中头彩》。

颜回为何老是中头彩

颜回为何被孔子树为学习模范？在我看来，他是"功夫在诗外"，主要原因并不是在学习好上。

孔子和颜回之间有种父子情结。《论语·先进》透露，颜回平时是把孔子当父亲看的，孔子也是把颜回看作自己的儿子。因此，颜回死时，孔子想按照自己的儿子孔鲤的规格来安葬颜回。颜回也确实是对孔子毕恭毕敬，唯命是从。

首先，颜回的学习态度很端正，很认真。

据《论语·子罕》，孔子这样称赞颜回："听我说话而始终不懈怠的，大概只有颜回吧（语之而不惰者，其回也与）！"颜回这种学习态度与宰予白天睡觉，那真是天壤之别！作为学生，都有思想开小差的时候，交头接耳，左顾右盼，但是颜回从来不这样。

颜回还有一个特点，乖乖孩，从来不违拗老师的话，老师说啥就信啥。以至于孔子觉得颜回这孩子智商是不是有问题，是不是一个傻子："吾与回言终日，不违如愚。退而省其私，亦足以发。回也不愚（《论语·为政》）。"孔子观察颜回课后的表现，啊，颜回不傻。

颜回达到了另外一个境界，那就是对老师的言论"无所不说（悦）（《论语·先进》）"。孔子认为学习的三种境界:"知之者不如好之者,好之者不如乐之者(《论语·雍也》)"颜回已经做到"知之"、"好之"、"乐之",达到了孔子所认为的最高境界。

颜回也从来不提有任何难度系数的问题。如果10代表难度系数最高,宰予、子贡这帮人所提的问题,一般都在8.0以上,而颜回的难度系数为0。我们讲过,孔子的教育是问答式的,你不问他不说,你问得多他说得多,而且问问题的水准决定老师发挥的水平。在所有弟子中,问的问题最难、最刁钻古怪的是宰予,问的问题最多、最有水准的是子贡。难怪言语科的这两位高才生都让老师不待见。比如,一次宰予问,老师,您不是说"仁者,杀身以成仁",那么井中有仁人,他们会不会跳下去跟随呢?自然,被孔子臭骂了一通。子贡不仅问问题的角度多,方式丰富,而且涉猎的面也最全,他问仁、问士、问君子、问古之贤人、问当今的执政者,如此等等,不一而足。那么,孔子见子贡,就像意大利的足球甲级联赛的冠军见到英超冠军一样,神经呼一下就绷起来了,发挥不好就不配"夫子"这个称号呀!相比之下,孔子见到颜回,就像一支欧洲劲旅见到中国足球队一样,精神一下就放松下来了,随便玩玩就不会失面子。

整部《论语》只看到颜回提过一次问题,而且是"问仁",这是大家问得最多的问题之一,一点儿也不难为老师,因为老师只用把现成的答案从大脑里调出来就行,一点儿都不费劲:

颜渊问仁。子曰:"克己复礼为仁。一日克己复礼,天下归仁焉。为仁由己,而由人乎哉?"颜渊曰:"请问其目。"子曰:"非礼勿视,非礼勿听,非礼勿言,非礼勿动。"颜渊曰:"回虽不敏,请事斯语矣!"(《论颜渊问仁。子曰:"克己复礼为仁。一日克己复礼,天下归仁焉。为仁由己,而由人乎哉?"颜渊曰:"请问其目。"子曰:"非礼勿视,非礼勿听,非礼勿言,非礼勿动。"颜渊曰:"回虽不敏,请事斯语矣。"

语·颜渊》)

孔子回答完问题,颜回也不像子路那样没完没了,"就这么多吗?"逼着老师再多说一些;也不像子贡那样,不仅诱导老师继续说下去,还让老师分出轻重缓急。遇到子贡这些学生,孔子的神经能不紧张吗?甚至都有些不耐烦。然而,颜回只是问,我应该怎么去做,一下子让老师从高强度的智力挑战,回到眼前的现实问题。老师回答完以后,颜回还像今天朋友之间写信一样,客客气气,恭恭敬敬,对老师表示感谢:"回虽不敏,请事斯语矣!"宰予、子贡这些人可没有这么好的修养,有时候话没有听完就走开了,很不礼貌!

孔子与颜回谈话,那是放松、放松、再放松,爽啊!

颜回听老师谈话,总是目不转睛,专心致志,不左顾右盼,不交头接耳,也不说一句话,以至于孔子认为他是不是傻了。然而颜回可聪明了,最知道老师什么时候爱听什么话。下面讲两个典型的案例。

公元前497年，孔子周游列国的第一年。孔子一行在卫国待了十个月，打算前往陈国，途经匡（今河南长垣县）这个地方。孔子长得像阳虎，因为阳虎残害过匡人，所以人们就把孔子一行围困起来。这是孔子周游列国时遇到的第一次重大危机，《论语》有两处记载，《史记·孔子世家》也详细记录了这件事。孔子每遇到重大危险时，常以先贤和天命来鼓励自己："文王既没，文不在兹乎？天之将丧斯文也，后死者不得与于斯文也；天之未丧斯文也，匡人其如予何（《论语·子罕》）？"孔子认为："君子有三畏：畏天命，畏大人，畏圣人之言。小人不知天命而不畏也，狎大人，侮圣人之言（《论语·季氏》）。"说是说，遇到匡地这种情况，搁谁谁都担心。《论语》两处提到"子畏于匡（《子罕》、《先进》）"，可见孔子还有第四"畏"：畏匡人。

孔子和颜回在这次劫难中失散，五天以后，颜回赶上来，找到了队伍，孔子说："吾以汝为死矣。"颜渊的回答实在惊人："子在，回何敢死（《史记·孔子世家》；《论语·先进》）！"我认为，这句话可以列为《古今肉麻话大全》前三名。谁说颜回傻，否则怎么会说出如此让老师爱听的话呢？

孔子周游列国的第二次重大危机发生在公元前489年，当时孔子一行住在陈国。这年吴国来伐陈国，楚国来救。楚国听说孔子在陈国，邀请孔子前去做官，孔子一行离开陈国途经蔡国，前往楚国。陈、蔡两国大夫担心孔子去楚国，危及自己的利益，就把孔子围困在陈蔡之间。当时的情况又相当危急：不得行，绝粮。从者病，莫能兴。孔子讲诵弦歌不衰（《史记·孔子世家》）。内部也人心浮动，子路"愠见"，子贡"色作"。孔子要稳定军心，就找来三个班干部摸底谈心。

孔子先引用《诗经》，描写一下当时的处境：我们不是犀牛，不是老虎，怎么在旷野上徘徊（匪兕匪虎，率彼旷野）？这就是孔子的超人之处，在这种情况下还能如此从容淡定，举重若轻，确实令人敬佩。在革命危急关头，很需要这种精神力量。然后孔子才开始摸底："我的道错了吗？怎么落到这步田地（吾道非邪？吾何为于此《史记·孔子世家》）？"

孔子哪是在认真检讨自己的理论呀，他是想从学生那里再一次得到肯定。

子路说，"有可能是我们不够仁德，所以人家不信任我们；有可能是我们不够智慧，所以人家不执行我们的理论。"子路真是哪壶不开提哪壶，孔子很不高兴："难道有仁德，有智慧，人家就信任我们了吗？人家就执行我们的理论了吗？"一句话把子路打发走了。

下一位是子贡。子贡说，老师您的理论最伟大了，但是有些超前，能否降低些标准，这样大家执行起来就没有那么困难了？孔子决不降其志，还批评子贡的志向不够远大。

最后一位出场的是颜回，确实不负老师所望。颜回说："老师的学说博大到极点了，所以天下没有一个国家能容纳老师。虽然是这样，老师还是要推行自己的学说，不被天下接受又有什么关系呢？不被接受，这样才能显出君子的本色！一个人不研修自己的学说，那才是自己的耻辱。至于已下大力研修的学说不被人所用，那是当权者的耻辱了。不被天下接受又有什么关系呢？不被接受，这样才能显出君子的本色（夫子之道至大，故天下莫能容。虽然，夫子推而行之，不容何病，不容然后见君子！夫道之不修也，是吾丑也。夫道既已大修而不用，是有国者之丑也。不容何病，不容然后见君子《史记·孔子世家》）！"

颜回这几句话可不是随便说的。他最后一个出场，已经对全局情况有了把握，因此他就能做到让自己的每句话都有着落，都有针对性。

第一，颜回说"不容何病，不容然后见君子"，实际上是对孔子"君子固穷"这句话的解释。前面提到，在没有接见三位班干部之前，子路先忍不住了，怒气冲冲来见孔子，劈头就是一句话："君子也有困顿的时候吗（君子亦有穷乎）？"子路开始动摇追求君子的信心了。孔子则回答："君子固穷，小人穷则斯滥矣（《史记·孔子世家》）！"颜回的逻辑是，君子只有在不被别人容纳、困顿之中才能显示出来，结论自然是，君子本来就是困顿的。那意思就是说子路，这种困顿你就忍不住了，只能说明你还没有修养到君子的境界。你说颜回的回答妙不妙？既充分肯定了老师的话的正确性，又帮老师批评了子路。

第二，颜回的话也回击了子路对老师理论的怀疑。他的意思是说，我们老师的道不被天下容纳，不是我们不够"仁"，不够"智"，而是因为我们太伟大了。颜回的说话技巧也很了得，每次在批评同学时，不忘记再抬高一下老师，可以说是"抑扬有致"。

第三，颜回也帮着老师说了子贡几句。他说，我们不修好自己的道，天天想着如何降价销售，把它卖出去，是我们的羞耻。然而我们的道已经至善至美了，那些诸侯们不用，这是他们的羞耻。孔子还只是批评子贡的志向不够远大，颜回的话更狠，直接说子贡这种降格以求是种"羞耻"。

颜回的话一下子说到了老师的心坎上。你看，既充分肯定了老师理论的伟大，又帮老师教育了一番思想不够坚定的子路和志向不够远大的子贡。司马迁用"欣然而笑"来描写孔子的反应。孔子说："颜氏家的孩子太有才了（有是哉颜氏之子)！如果你有钱的话，我就去做你的管家！"此时此刻，孔子的千言万语，万语千言，都汇成一句话：理解万岁！

易中天先生对此有精彩的评论。颜回的话最不靠谱，却中了头彩。用走投无路来证明自己掌握真理，说白了是一种"自欺"。把一切都归咎外部条件和环境，把责任都推到别人头上，就更是阿Q精神。阿Q怎么说，孙子才画得圆呢！颜回怎么说？小人才处处受欢迎。颜回，岂非阿Q的祖师爷？看来，从孔子开始，中国人就不善于也不愿意反省自己。

打个比喻，来看这次大难之中的精彩对话。一个公司产品卖不出去，发不出工资，面临倒闭的危险。孔董事长找来三位部门经理。

子路经理回答说，可能是我们的产品质量不够好，所以人家不买；可能是我们的产品设计不合理，所以不适用。孔董事长回答道：难道质量好、设计合理就能卖得出去吗？美国的航天飞机质量够好的吧，设计也够合理的了，卖出去了吗？

子贡经理回答说：我们的产品质量一流，引领世界新潮流，但是价钱定得太高了，脱离了老百姓的购买能力，能不能薄利多销，降价出售。孔董事长回答道：不能，我们管的是产品自身好不好，买不买得起是消费者的事情，他们可以加班加点、找赚钱的行业多赚钱嘛！

颜回经理则回答道：卖不出去有什么问题呢？卖不出去正说明我们的产品质量好。保证产品质量是我们的责任，质量过关了，而他们买不起，是他们的羞耻。孔董事长拊掌而笑："颜回，你一个人留下，今晚我请客！"

这个公司的命运，我们都能预测到。

颜回总是中头彩，因为他掌握了一个答题的秘诀：总是最后一个出场。在能看到的文献中，孔子问众人问题时，颜回全部是殿后。这可是个聪明绝顶的选择。孔子教学都是问答式的，他一个个问学生问题，每个学生回答完后，他都要表态；很多时候，不表态也是一种表态，"老师对你说的不以为然"。而且，孔子每次总是要选择一个比较满意的。

这就好比现在考试中的客观选择题，一个问题有四种选择，其中只有一个为正确答案。如果大家都不懂，完全瞎蒙，第一个回答的人最吃亏，只有四分之一的几率。老师告诉不对。第二个出场则有三分之一答对的几率，老师再告诉你不对。第三个出场的就有二分之一的几率，老师再摇头。第四个出场的就有百分百的胜算。

这就是颜回悟出来的答题技巧。最后一个选择，大大提高胜算的几率。

读《论语》或相关的材料，我发现一个有趣的规律，孔子最认同的，得到褒奖的都是最后一个出场的学生。这个背后就蕴含着一个数学中的概率问题。

子路没有脑子，也不长脑子，总是"率尔而对"，抢头筹，但是次次得不到老师的好评。最有名的就是《论语·先进》那段，公西华、冉有、曾皙陪老师闲聊，第一个出场的是子路，得到的是"夫子哂之"，最后一个出场的是曾皙，则夫子喟然叹曰："我赞成阿点啊（吾与点也）。"这段精彩的记述，可以清楚地看出，后边的学生根据老师的反应调整自己说的话，一个比一个谦虚，一直到第三个夫子还没有反应，最后一个出场的曾皙做了一次大胆的决策，干脆退出政坛，改变生活方式，啥也不干了，去跟一帮人野炊，郊游，跳舞，唱歌。严格地说，这是一种休闲娱乐，而不应该算是志向，然而老师开始的话题则是让大家谈未来的人生规划的，显然曾皙跑了题。

这次最后一个出场的是曾皙，因为颜回不在场。凡是颜回在场的情况下，他总是把最后一个位置留给自己。在《史记》等史料中记述了夫子与众弟子的对话，毫无例外，都是颜回殿后，也都是只有颜回得到夫子的赞许。这可能出自颜回的谦让，更有可能是颜回的心计。颜回最成功的案例就是陈蔡之间那次，让老师乐得忘乎所以，没大没小，竟说出"你有钱的话，我去做你的管家"这种有失夫子身份的话，赞许程度远超过对曾皙那次。可以排除一种可能，出场的顺序是按照年龄或资历，子路固然年长，然而颜回却比子贡年长，资历深，但是每次他都把优先权让给子贡。

孔子这种考试方式也有值得改进的地方，一模一样的问题，让几个学生先后答题，谁吃亏，谁占便宜，一清二楚。就像高考一样，同一套题目，让学生分三批来考，能上北大、清华的恐怕只有第三批考生了。

《荀子》记述了另一则孔子学院的考试。孔子这次出的题目是"知者若何？仁者若何？"第一个出场的还是子路，子贡居中，按照常例，颜回仍然殿后。请看应试过程：

子路入，子曰："由，知者若何？仁者若何？"子路对曰："知者使人知己，仁者使人爱己。"子曰："可谓士矣。"子贡入，子曰："赐，知者若何？仁者若何？"子贡对曰："知者知人，仁者爱人。"子曰："可谓士君子矣。"颜渊入，子曰："回，知者若何？仁者若何？"颜渊对曰："知者自知，仁者自爱。"子曰："可谓明君子矣。"（《荀子·子道》）

关于这个问题，只有三种逻辑可能性：

A、让别人知道自己，让别人爱自己。

B、自己知道别人，自己爱别人。

C、自己知道自己，自己爱自己。

现在流行的客观考题，可以追溯到2500年前的孔子学院。子路选择的是答案A，子贡是答案B，轮到颜回，只有第三种选择了。在孔子的理论系统中，"君子"代表最高道德标准的人，"士"则是有志向、有道德的一般知识分子。孔子评分的结果，子路最低，只是"士"而已；子贡成绩一般，为"士君子"；颜回最优秀，得到"明君子"。

在我看来，孔子的评分结果，显然带着很强的主观喜好。如果重新阅卷，我认为，子贡应该拿满分，因为子贡的答案不仅思想境界最高，而且也完全符合老师的教学内容，答案见于《论语·颜渊》一章：樊迟问仁，子曰："爱人。"问知，子曰："知人。"这里的"人"只能理解为"别人"，不可能包括自己，比如咱们常说"人见人爱"，跟这里的"人"是一回事的。

子贡一定会纳闷，自己对老师的教学内容掌握得最准，怎么才得到一个60分？不过，我想，聪明的子贡也可能清楚，自己跟颜回比，印象分上明显占劣势，老师不是让自己找与颜回的差距吗？自己不是亲口向老师承认，"颜回比我强多了，我啊顶多闻一而知二，颜回则闻一而知十（赐也何敢望回？回也闻一以知十，赐也闻一以知二《论语·公冶长》）。"两个差距这么大的学生，一定在考试成绩上"准确"反映出来。

大大咧咧的子路也不关心自己的成绩怎么样，稀里糊涂的子路也不考虑自己的成绩为何差。

处处走运的颜回，除了自己工于心计外，也与平时给老师留下的印象好有关。想做一个老师夸奖的好学生，颜回有很多值得借鉴的地方，平时让老师高兴，最后靠印象分取胜。当然，这也是值得每一个老师反省之处。

颜回呀你到底好在哪里

颜回是孔子最喜欢的学生，孔子教育生涯中树立的唯一学习标兵、三好学生。在学院内部，孔子让子贡这些学生找自己与颜回的差距；在社会上，他向国君大臣极力推荐颜回，夸奖颜回。"造圣运动"之后，孔子成了圣人，颜回也随之被晋升为"复圣"，与孟子的"亚圣"称号相提并论。不过，值得深思的是，孔子眼中最好的学生颜回为什么一生潦倒，毫无建树？对于这个千古谜团，孟子和司马迁又有什么看法？"好学生"颜回混得差，究竟是谁的过错呢？

不仅如此，《论语》这部最重要的儒家典籍，也是妇孺皆知的文化盛典，把孔子的学生分为四科：德行、言语、政事和文学，颜回名列第一科的第一名。因此可以说，颜回也是中国历史上知名度最高的好学生。

那么，人们应该千百次地问：颜回呀，颜回，你到底好在哪里？到底好在哪里？然而，问题是，人们问了吗？人们想了吗？

这个问题可以从多个角度来看，不同的角度会做出不同的价值判断。

首先，从培养学习气氛，维护学校秩序，尊师重教这些方面来看，一句话，保持孔子学院的和谐气氛，颜回是当之无愧的好学生。孔子夸颜回，恐怕主要是从这个方面考虑的。颜回死时，孔子悲痛欲绝，说了这么一句话："自吾有回，门人益亲（《史记·仲尼弟子列传》）"。这句话可以这样理解，学生们更加尊重老师了，同学们之间也更团结了。颜回实际上起了一个模范示范的作用，他对老师的尊重那是没说了。孔子就曾跟人说，颜回是把他作为父亲看待的，以至于孔子也把颜回看作第二个孔鲤。

司马迁则是从历史的角度看问题，明显有别于孔子，主要看每个学生的业绩和贡献。在《史记·仲尼弟子列传》中可以看出他的偏好，记录最详尽的是子贡，其次是子路，再次是宰予。关于颜回的事迹，则乏善可陈，司马迁只用了四个字："颜渊问仁。"这个问题也是极为大众化的，问得人最多，没有什么创意。其他的就是颜回的籍贯、名姓、年龄，孔子夸颜回的话，然后就是颜回死的场景。

特别值得人们注意的是司马迁在该章最后说的两句话："学者多称七十子之徒，誉者或过其实，毁者或损其真（《史记·仲尼弟子列传》）。"司马迁提醒我们，夸奖的可能夸过了头，骂的可能骂错了。这句话是很有深意的。孔子夸得不留余地的人是谁？颜回。骂得最厉害的是谁？宰予。我们在其他章节已经讲了，宰予很善于思考，会提问题，敢提问题，管理才能闻名诸侯国，在后来的造圣运动中功劳卓著。司马迁可能也纳闷，被孔子夸得那么厉害的颜回，却没有什么好写的。

司马迁也明确指出，颜回是大大沾了名人效应这个光："颜渊虽笃学，附骥尾而行益显。岩穴之士，趣舍有时若此，类名堙灭而不称，悲夫！闾巷之人，欲砥行立名者，非附青云之士，恶能施于后世哉（《史记·伯夷列传》）？"民间像颜回这样砥砺笃学之人，有很多很多，但是他们没有"骥尾"可附，缺乏"青云之士"可依，结果泯灭无名。

对一般老师来说，颜回这样的学生如同扑面而来的春风，一个班如果有一批颜回这样的好学生，整个班级则变得春意盎然，老师的感觉自然良好。我们的夫子也不例外，因为他也是个人。

但是，孔子对颜回的表现是有警觉的，或者说做过些自我反省的。他说过这么一句话："回也，非助我者也！于吾言，无所不说（《论语·先进》）。"孔子说什么，颜回就欣然接受什么。如此长此以往，如何谈得上教学相长？我们做老师的，遇到颜回这样"无所不说（悦）"的学生，都应该引起警觉：是这个学生智商有问题呢，还是另有心计？

孔子还说过一句很形象的话："苗而不秀者有矣夫！秀而不实者有矣夫（《论语·子罕》）！"学者认为，这是孔子悼惜颜回。颜回就如同茁壮的苗，可还没有开花就夭折了；又如同鲜艳的花，还没有结果，就凋谢了。在我看来，孔子主要是在反省，而不是悼惜。颜回是死得比较早，但是死时已经四十岁了。就在一百多年前，中国人的平均寿命还不到40岁。在两千多年前，颜回也算得上是寿终正寝了，起码不能算是"夭折"。孔子说颜回"不幸短命死矣"，"短命"二字给人的感觉颜回只活了十几岁似的。司马迁的叙述也容易造成误解，"回年二十九，发尽白，蚤死（《史记·仲尼弟子列传》）"，似乎颜回只活了二十九岁。孔子太喜欢颜回了，希望他能传承自己的思想和学问，起码要活过自己，因此才会有"短命"的感觉。

不管在孔子那个时代，还是今天，不考虑个别大器晚成者,一个人到了四十还没有什么建树,很难对他再有更高的期望了。夫子不是说过"三十而立,四十而不惑(《论语·为政》)"吗?颜回超龄了十岁,他立起来了吗?孔子对一个人能否成功,有一个明确的年龄标准:"后生可畏,焉知来者之不如今也?四十、五十而无闻焉,斯亦不足畏也已(《论语·子罕》)!"后来居上是完全有可能的,然而,如果到了四、五十岁还默默无闻,就意味着把"后生可畏"的机会拱手让给了别人。

准确地说,孔子认识到了,颜回就是一棵不会开花的苗,因为他已经过了开花期;就是一朵不会结果的花,因为他已经过了挂果期。再让颜回活四十岁,也不会改变这个格局的。颜回在学生时期的行为,已经显现出他是一棵不会结果的苗,他的唯一目的,或者说一天到晚战战兢兢要做的一件事,就是如何讨老师欢心。老师上课,他总是精神集中;对老师的每一句话,他总是心悦诚服;从来不提或者说提不出有新意的问题;琢磨透了老师的心理,知道老师什么时候爱听什么话;老师问问题,总是最后一个出场,占尽了便宜。像这样的学生,哪一条是跟走出校门后的成功有关的?颜回算得上一个资深的好学生,听话乖巧。

孔子对颜回的命运也负有一定的责任。孔子不论是说学习,赞君子,还是夸颜回,都要跟经济状况和生活条件挂钩。《论语》在开篇的第一章《学而》就讲道:"君子食无求饱,居无求安,敏于事而慎于言,就有道而正焉,可谓好学也已。"如果其他条件都一样,难道说一个人住得舒适一点儿,吃得饱一点儿,就不算"君子"不算"好学"了吗?孔子夸颜回,也是先讲他的饮食和居住条件,以至差到"人不堪其忧",然而颜回的态度也十分反常,"回也不改其乐（《论语·雍也》）"。生活条件差，往往不是自己的选择，跟一个人出生的家庭有关；然而不改变这种条件，则是自己的责任了。孔子是不赞成改变自己生活条件的，"士志于道，而耻恶衣恶食者，未足与议也（《论语·里仁》）"。孔子这句话应该是"文革"时期流行的一句话"越穷越光荣"的春秋版了。你要改变自己的生活条件，那就说明你的态度不够端正，志向不够高远，夫子很生气，后果很严重，老师就不想跟你谈话了。

这样，颜回要保住自己的"好学"的光荣称号，要让老师一天到晚嘴上挂着"贤哉回也"，就不能添置家具，就不能乔迁新居。态度上还不能露出任何痛苦状，还要乐在其中。这位人性扭曲、安贫乐道的典范，二十九岁头发就白了。你想，颜回的头发能不早白吗？压力远远超出其他学生，而生活条件却远远低于常人。

其实，颜回是有条件改变自己生活的。孔子学院的毕业生的就业机会一直不错，很多学生都做了各个地方大臣的管家，像子贡还做了鲁国和卫国的宰相，自己也拥有巨大的经济实力，也创造了不少工作岗位。子贡对孔子赤胆忠心，老师一句话，"给阿回找点儿事干"，子贡敢怠慢吗？孔子学院的校友尤其出色，子路就给不少师兄弟张罗到了很好的工作。孔子这位当时的文化超男，竭力在国君、大臣面前赞美颜回，这可是最有力的广告，最好的推荐信，颜回应该有优于别人的就业机会。因此，我一直在纳闷，颜回也是四十岁的人了，怎么没有任何工作履历？一方面，他可能拉不下这个面子，怎么自己这个最优秀的学生向差学生求情呢？另一方面，也可能是主要原因，就是为了老师那句话，就是为了老师那种期待。孔子对颜回的健康状况，以至他的早死，负有一定的责任。从这个角度讲，颜回也是个受害者。

还有一个更为实质的问题，孔子夸颜回是最好学者，那么颜回理解老师的理论学说吗？从现存的史料来看，答案是"不清楚"。更大的可能是，颜回走进去了，但是出不来。用现在的话说，颜回被老师的理论忽悠晕了，不知东南西北，自然也就找不着北了。孔子并没有意忽悠别人，颜回是自己忽悠自己。《论语·子罕》对颜回陷入忽悠境界的症状有一段精彩的描写：

颜渊喟然叹曰："仰之弥高，钻之弥坚，瞻之在前，忽焉在后！夫子循循然善诱人，博我以文，约我以礼。欲罢不能。既竭吾才，如有所立卓尔。虽欲从之，末由也已！"（《论语·子罕》）

这是患了深度被忽悠的症状。颜回是最好学的，也是最刻苦的，但是他悟出了什么了吗？除了自己陷入精神恍惚，似乎什么也没有。学到最后，颜回只好感叹道："老师的道，抬头仰望，越觉得它高大雄伟；努力钻研，越觉得它难以吃透；看着好像在前面，忽然又像在后面。老师循循善诱，用文化典籍来丰富我的知识，用礼节来约束我的行动。跟老师学习想停下来都不可能。我已经竭尽我的才力了，好像有一个非常高大的东西立在前面，虽然很想攀登上去，却没有途径。"颜回已经手足无措了，不知道该为他的老师和老师的理论做些什么。

《孟子》中有两句话颇耐人寻味，折射出当时对颜回的看法。《公孙丑上》上云："宰我、子贡、有若，智足以知圣人，污不至阿其所好。"具备理解圣人的智慧的，列出宰予、子贡、曾子三个弟子，颜回则榜上无名。而且还特别指明，这三个人都"污不至阿其所好"，他们都不为了取得老师的好感而投其所好，坚持自己的立场，所以才被老师骂，被老师贬。孟子说了一句公道话。颜回恰好与这三位师兄弟相反。

《孟子·公孙丑上》也涉及对颜回的评价："子夏、子游、子张皆有圣人之一体，冉牛、闵子、颜渊则具体而微。"这里颜回与众弟子并列，而且放在冉伯牛、闵子骞之后，是有意还是疏忽？不管哪种原因，都说明孟子并没有像孔子那样偏爱颜回。子夏、子游、子张都在某一方面具备圣人的特点，然而冉伯牛、闵子骞、颜回则具备了圣人的"体"，言行上全方位模仿，全方位相似，而且达到了细致入微的程度。也就是说，如果拍孔子的影视，颜回这三个人化一下装，就是最好的人选，起码比演海盗、黑社会老大的职业影星周润发合适得多。

在孔子学院里，颜回是个学习模范，宰予则是个反面典型。颜回万古流芳，宰予千古骂名。我们今天应该深思的一个问题是，一个社会要保持活力和创造性，要屹立于世界民族之林而不败，是更需要颜回这样的"好学生"呢，还是宰予这样的"坏学生"？

被逼出来的实干家——子贡

子贡是个成功的商人，出色的外交家，并做过鲁国和卫国的宰相。

子贡最能理解孔子的理论，也最知道怎么问问题。由于他的善问，让孔子高水平发挥，给我们留下了许多宝贵的思想。

子贡也有很多独立的思想，成为儒家思想的有机部分。以至在孔子死后，不少人认为，子贡贤于孔子。

孔子一生中最关键的时候，都是子贡担当大任。周游列国，子贡相随。陈蔡被困，子贡到楚国搬来救兵解围。鲁国处于危急时期，也是子贡出使齐、吴、越、晋四国，保护了鲁国。结束孔子十四年流浪生涯的，是子贡的安排。孔子临去世之前来看望他的，也是子贡。

孔子死后，弟子都为他守冢三年，其他弟子走了以后，子贡又守了三年。

孔子去世后，是子贡和宰予把他推向了圣坛。

司马迁的《史记·仲尼弟子列传》中，描写子贡的篇幅最大，一个人几乎占了三分之一的篇幅。

然而，孔子并不是那么喜欢子贡。他看到子贡发财了，还为自己的最爱颜回鸣不平：

子曰："回也其庶乎！屡空。赐不受命，而货殖焉，亿

则屡中。"(《论语·先进》)

在孔子看来,颜回这个好学生,道德学问都差不多达到标准了,可是常常穷得叮当响。子贡不安本分,去做买卖,猜测市场行情却常常能猜中。孔子认为子贡经商是"不受命",颜回才是个听自己话的一个好学生。子贡是懂得孔子的,可是孔子不见得懂得子贡。孔子不能理解这位经商的弟子,才是最热爱他的理论,对他最忠心耿耿的学生,并在他死后使他的理论发扬光大。

那么,子贡为什么要"不受命"呢?这是他从残酷的现实中悟出的道理。下面一件事情改变了子贡的人生态度。

孔子在陈、蔡之间,打算到楚国应聘。陈国、蔡国的大夫商议说:"孔子是位有才德的贤人,他所指责讽刺的都切中诸侯的弊病。如今长久地停留在我们陈国和蔡国之间,大夫们的施政、所作所为都不合仲尼的意思。如今的楚国,是个大国,

却来聘请孔子。如果孔子在楚国被重用,那么我们陈蔡两国掌权的大夫们就危险了。"于是他们双方就派了一些服劳役的人把孔子围困在野外。孔子和他的弟子无法行动,粮食也断绝了。跟从的弟子饿病了,站都站不起来。孔子却还在不停地给大家讲学,朗诵诗歌、歌唱、弹琴(**从者病,莫能兴。孔子讲诵弦歌不衰**《史记·孔子世家》)。

读到这里,我不禁赞叹,孔子是一个为理想活着的人,他的强大精神支柱可以战胜饥饿与困窘,即使在弟子们都饿得站不起来了的时候,他仍然能够**讲诵弦歌不衰**,真正做到了"**君子不忧不惧**"。他不是对弟子们的状况漠不关心,而是从精神上鼓励他们坚持下去。我也不得不叹息,我们的夫子太迷信精神的力量了,都到什么时候了,还不想想别的办法?我佩服孔子,但是搁谁谁也受不了孔子。

子路先忍不住了,带着怒气来见孔子,孔子把他硬压回去了。

子贡干脆按捺不住,火了(色作)。看到发火的子贡,孔子的反应非常有趣:

孔子曰:"赐,尔以予为多学而识之者与?"曰:"然。非与?"孔子曰:"非也。予一以贯之。"(《史记·孔子世家》)

《论语·卫灵公》只有上面引述这一部分,完全脱离了语境,这样就很难准确领会上一段的意思。读《论语》要结合《史记》的有关部分,否则很容易就理解偏了。

孔子的话与眼前的危机八竿子打不着,孔子显然是想用别的话题,把子贡的注意力引开,使他暂时忘记饥饿的痛苦,也借机消一消子贡的火。这就是孔子不轻易度与人的银针,他的思想精髓,或者说学习的秘诀。孔子问,"阿赐呀,你以为我多学而博识吗？"孔子这话，也有以老师的尊严和威信，提醒子贡不要做出格的事情。

子贡只回答了简短一个字，"是。"然后又反问道："不对吗？"子贡的不耐烦情趣跃然纸上，这都什么时候了，还说这些问题？这也可以看出孔子多么地迂腐，多么地自恋！

孔子看到子贡的情绪还是压不下去，然而自己已经打开了一个话题，只好接着往下说："不对。我用一个东西来贯串它们。"

上述对话是没有完成的。按照正常情况，这个对话还应该继续进行下去，孔子会悄悄地告诉你，这个"一"到底是什么。我做这样的推断，是根据《论语·里仁》几乎一模一样的一段对话。

子曰："参乎！吾道一以贯之。"曾子曰："唯。"子出。门人问曰："何谓也？"曾子曰："夫子之道，忠恕而已矣！"

显然，孔子对待学生并不是一视同仁，不舍得把他理论中的"一"告诉所有的弟子。所以其他弟子都好奇地问曾子，老师的"一"到底是什么？啊，"忠恕"二字。不知道因为什么，曾子得到这样的偏爱。

孔子有个特点，你不问，他是不会往下说的。搁平时，谁听到孔子这样说，谁都会觉得孔子要把这个银针度与他，谁都会好奇地问这个"一"到底是什么。显然子贡没有问，所以孔子也不好意思在那里自言自语，结果，这次对话没有完成。

幸好，孔子没有把最后一句话说出来。如果还是对曾子说的那样，"忠恕而已"，非把子贡气炸不可。子贡看到：我们对各个国君够"忠"了，想竭诚为人家服务，可是人家是如何对待我们的？到处吃没趣，到处碰壁，甚至还被围困，被追杀。我们想"恕",替别人着想,"己所不欲,勿施于人",可是人家把我们围困在旷野上,看到我们即将饿死,却没有任何怜悯之心。可见,孔子是多么迂腐,多么不切实际!

磨难是一种财富。然而只有从磨难中悟出真理的时候,它才能变成财富,否则,永远是种痛苦。孔门弟子中,子贡是最善于从现实中反省自己,最务实的一个学生。

子贡明白,此时需要的是行动,不再是"忠恕"。根据《史记·孔子世家》,子路突破包围圈,前往楚国,搬来救兵,这才解除了陈蔡之围。子贡清醒地意识到,有时候需要实力说话、拳头说话的,单靠自己的一片赤诚之心、一腔善良之意,不仅没有饭吃,连命也保不住。

孔子看到学生情绪波动,就先后找来几个班干部来安抚民心,第一个是子路,第二个是子贡,第三个是颜回。《史记·孔子世家》记载如下:

孔子对子贡说:"阿赐啊,《诗经》上说'不是犀牛也不是老虎,然而它却徘徊在旷野上(匪兕匪虎,率彼旷野)'。难道是我们的学说有什么不对吗?我们为什么落到这种地步呢?"子贡说:"老师的学说博大到极点了,所以天下没有一个国家能容纳老师。老师何不稍微降低一些您的要求呢(夫子之道至大也,故天下莫能容夫子。夫子盖少贬焉)?"孔子说:"阿赐啊,好的农夫虽然善于耕种,但他却不一定有好的收获;好的工匠虽然有精巧的手艺,但他的所作却未必能使人们都称心如意。有修养的人能研修自己的学说,就像网一样,先构出基本的大纳统绪,然后再依疏理扎,但不一定被世人所接受。现在你不去研修自己的学说,反而想降格来敬合取容。阿赐啊,你的志向太不远大了。"

孔子有一点说话的技巧,我们今天应该借鉴。再紧张的气氛,再尴尬的场面,先引用《诗经》上两句相关不相关的话,就会大大缓和气氛,大家也会自然起来。这一招果然奏效,子贡变得心平气和了,反过来想办法来规劝老师。假如我们现在,在对簿公堂,或者各种辩论的场合时候,每个人开口说话,先得引两句唐诗,否则判输。我相信,这种纠纷会少很多,因为,没学好唐诗的人都不敢来了,即使来了,气氛也会大大缓和。

子贡的策略是顺着老师说,先把老师抬得高高的,"您的理论至高至大",然而趁机规劝老师,降低一些标准,更切合实际点儿。显然,子贡也看出老师的理论大而不切实际。然而孔子则不顺杆子往上爬,他不降其志,不辱其身,不能明白子贡的真正意图,反而批评子贡的志向不够远大。

子贡比孔子小三十一岁,在陈蔡被围的时候,孔子六十岁左右,可以推算出子贡三十岁左右。他长期跟随孔子学习,周游列国,他经商和从政是这以后的事。

子贡是孔子最有才华、最忠诚的学生,他从陈蔡被围困这件事上,特别是长期颠沛流离的生涯中,悟出一条真理:

没有经济基础,一切理论都是空谈;

没有权力保驾,一切努力都是白搭。

所以子贡决定经商、从政,但是这是手段,而不是目的,他的目的还是发展老师的理论,推广老师的学说。可惜,孔子并没有看到子贡的一片赤诚之心,反而认为他经商是不本分,"不受命"。

司马迁对子贡经商、做官以及发扬孔子的理论,有一个公允而精到的评论:

子赣既学于仲尼,退而仕于卫,废著鬻财于曹、鲁之间,七十子之徒,赐最为饶益。原宪不厌糟糠,匿于穷巷。子贡结驷连骑，束帛之币以聘享诸侯，所至，国君无不分庭与之抗礼。夫使孔子名布扬于天下者，子贡先后之也。此所谓得执而益彰者乎（子贡曾在孔子那里学习，离开后到卫国做官，又利用卖贵买贱的方法在曹国和鲁国之间经商，孔门七十多个高徒之中，端沐赐（即子贡）最为富有。孔子的另一位高徒原宪穷得连糟糠都吃不饱，隐居在简陋的小巷子里。而子贡却乘坐四马并辔齐头牵引的车子，携带束帛厚礼去访问、馈赠诸侯，所到之处，国君与他只行宾主之礼，不行君臣之礼。使孔子得以名扬天下的原因，是由于有子贡在人前人后辅助他。这就是所谓得到形势之助而使名声更加显著吧）？（《史记·货殖列传》）

最值得我们记住的是这句话："夫使孔子名布扬于天下者，子贡先后之也。此所谓得执（势）而益彰者乎？"对孔子学说发扬光大做出重大贡献的是子贡，然而要做到这一点必须"得执（势）"，这里的"执（势）"就是经济实力和政治资源。同时司马迁也提到了"不厌糟糠，匿于穷巷"的原宪，也只能抱着一颗对夫子的赤诚之心，老死在穷乡僻壤。司马迁拿这两个人物来对比，其深意谁能真正领会？

子贡和原宪都是孔子赤胆忠心的好学生，但是他们选择了截然不同的道路来表达对老师的崇敬。关于原宪的详情，请看《以贫为荣的原宪》。

子贡巧问孔子

孔子的思想大都是被问出来。谁最善于问？子贡。要善于问，并不是说嘴巴利索就行了，必须对孔子的道德观念、思想体系、性格特点有全面准确的把握才行。

在善问方面，子路与子贡的差距就没法说了。《荀子·子道》有这么一段记录：

子路问于孔子曰："鲁大夫练而床，礼邪？"孔子曰："吾不知也。"子路出，谓子贡曰："吾以夫子为无所不知，夫子徒有所不知。"子贡曰："女何问哉？"子路曰："由问：'鲁大夫练而床，礼邪？'夫子曰：'吾不知也。'"子贡曰："吾将为女问之。"子贡问曰："练而床，礼邪？"孔子曰："非礼也。"子贡出，谓子路曰："女谓夫子为有所不知乎？夫子徒无所不知，女问非也。礼，居是邑，不非其大夫。"（《荀子·子道》）

练，洁白柔软的熟丝。"练而床"，就是用洁白的丝做床。

子路空手而返，还误以为老师无知呢。子贡一听就知道问题出在哪里，回去一句话就让老师吐露真情。因为子贡知道，老师是不说所居住邦国大夫的坏话的，大概也是为自己营造一个和谐的生存环境吧。

还发生了另外一幕非常类似的情景。孔子周游列国，开始几年和最后几年，都是在卫国度过的。卫灵公死后，卫国的政局相当混乱。卫灵公的孙子蒯辄继位，为卫出公。他的父亲蒯聩，是灵公所立的世子，谋杀卫灵公的夫人南子未成，被灵公驱逐，逃到了晋国。卫灵公死后，蒯辄被立为国君。这时，晋国的赵简子率军又把蒯聩送回卫国，形成了父亲同儿子争夺王位的局面。那么弟子们自然很关心老师的政治立场，《论语·述而》有以下记载：

冉有问子贡："老师赞成卫出公吗（夫子为卫君乎）？"

子贡说："嗯，我去问问他（诺。吾将问之）。"

子贡进屋这样问老师："伯夷、叔齐是什么样的人呢（伯夷、叔齐何人也）？"

孔子说："古代的贤人啊（古之贤人也）。"

子贡说："他们怨恨什么吗（怨乎）？"

孔子说："他们追求仁德而得到了仁德，还有什么怨恨呢（求仁而得仁，又何怨）？"

子贡走出屋来对冉有说："老师不赞成卫君（夫子不为也）。"

看来，子贡的善问是出了名的。冉有有问题，自己不知道怎么去问，就鼓动子贡去问老师。子贡的问题有些明知故问，因为伯夷、叔齐是老师嘴上经常夸的两个古代贤人，什么"伯夷、叔齐不念旧恶，怨是用希（《论语·公冶长》）"啦，什么"不降其志，不辱其身，伯夷、叔齐与（《论语·微子》）"啦。老师是一个尊礼的人，遵守"居是邑，不非其大夫"原则，直接问老师对现任卫君的态度，一定是上次子路问鲁君"知礼乎"的结局。聪明的子贡绕了个弯，让老师表达了自己的真实态度。孔子恐怕也是心知肚明，在当时的政治气氛中，子贡冷不丁问一个历史问题的真正用意。多么有趣的一次师徒对话。如果不了解孔子的性格，真令人雾里看花！

孔子性格内向，不那么容易袒露心扉。遇到这方面的问题，不能单刀直入，直奔主题，必须要讲究技巧。孔子官场失意，长期赋闲在家。到底是他已心灰意冷，还是等待新的机会。这话哪个弟子都不好直接问。根据《论语·子罕》，子贡问孔子："有一块美玉在这里，是把它放在柜子里收藏起来呢，还是找一个识货的商人卖掉它呢（有美玉于斯，韫椟而藏诸，求善贾而沽诸）？"孔子毫无防备，一下吐露真情："卖了它吧！卖了它吧！我正等着识货的商人哪（沽之哉！沽之哉！我待贾者也）。"孔子说完这话，不知是否难为情，自己这么伟大的理论，怎么一下降格成一个摆在店铺里的商品了？这不正是他所反对的那种器吗？

《论语》中充满了各种各样的问，其中的"问"又可以分为两类：其一，问政、问仁、问君子等，只是开了个话题，不带任何问话者个人的判断，这叫做"胚子问"。其二，问话者已经有了个人的判断，或者说一定的倾向性，孔子又把思想作了进一步升华，这叫"半成品问"。"半成品问"是比较难以做到的，然而子贡在这上面经常有精彩的表现。

子贡问曰："贫而无谄，富而无骄，何如？"子曰："可也。未若贫而乐道、富而好礼者也。"子贡曰："《诗》云：'如切如磋，如琢如磨'，其斯之谓与？"子曰："赐也，始可与言《诗》已矣！告诸往而知来者。"（《论语·学而》）

只要子贡一开口，人们就不会觉得乏味，总是那么才思敏捷，文采飞扬。子贡显然事先对贫和富有了自己的思考，阿谀奉承、骄傲自大，这是穷人和富人最容易犯的毛病。但是，没有这些毛病，只能算是合格的穷人和合格的富人，不能算是高尚的穷人和高尚的富人，他们只是对社会无害，但不能对社会有益。孔子的境界显然就高一些，贫而乐道，富而好礼，这才是对社会有益的。至此，不少弟子要被孔子的高见所折服，说几句恭维的话，谈话就此打住。然而，此时子贡展现出不凡的学养，用《诗经》上的两句贴切地概括了老师的精神：像对待玉石一样，先切胚子，再雕琢、磨光。《论语》中除了孔子以外，还有子夏和曾子引用过《诗经》的语句，然而他们都是事先想好的，能即兴引用《诗经》而使用如此贴切，只有子贡一个人。孔子不禁感叹道："阿赐呀，从今以后我可以跟你讨论《诗经》了。告诉你已知的事情，你能推知未知的事情。"这大概是孔子对学生的最高评价之一。

子贡问老师问题，都是经过深思熟虑的。孔子也就摸准了这位弟子的特点，有时候不光自己说，也很想知道子贡的看法如何。在整部《论语》中，只见别人问孔子，很难见到孔子问别人，那么问子贡是极为少见的被孔子问的案例。

子贡曰："君子亦有恶乎？"子曰："有恶，恶称人之恶者，恶居下流而讪上者，恶勇而无礼者，恶果敢而窒者。"曰："赐也亦有恶乎？""恶徼以为知者，恶不孙以为勇者，恶讦以为直者。"（《论语·阳货》）

要说上次关于穷人和富人的讨论，孔子的境界明显高于子贡，那么这次问答，如果不说子贡的见解胜出一筹，起码也是与老师打了个平手。孔子说君子憎恶四类人：一、专好指责传播别人缺点的人；二、身居下位而诽谤上位的人；三、恃强勇力而无礼的人；四、顽固而不通事理的人。毫无疑问，这四类人是够遭人嫌的，这是种普遍的社会现象，比较容易观察出来，不需要太高的洞察力。相比之下，子贡憎恶的三类人，则是需要相当高的洞察力，思想的深刻性也明显胜出一筹：一、把侥幸得手当成聪明的人；二、把傲慢当成勇敢的人；三、把攻讦别人隐私当成正直的人。

子贡的很多见解独到而深刻，与孔子在伯仲之间。子贡竟对殷纣王鸣不平："殷纣王的不善，不像传说的那样严重。所以君子非常害怕居于下流，因为一旦居于下流，就会像殷纣王一样，天下所有的恶名都归到他头上了（纣之不善，不如是之甚也。是以君子恶居下流，天下之恶皆归焉《论语·子张》）。"这一见解相当大胆，因为它可能冒天下之大不韪；这一见解又相当深刻，有别于普通人的简单二值思维，好人什么都是好的，坏人什么都是坏的；也指出了人言可畏，喜欢夸大、渲染坏事，制造新闻，满足曝料的不正常心态。子贡的见解，今天还值得我们警醒。

子贡的善问还表现在他层层递进式的问题，让孔子更加系统深刻地展现自己的思想。弟子们大都知道老师回答问题的方式，一次只说一句话，你不再问，他不再说。因而都想让老师多说，但是各自的方式大不一样，学生之间的差距一目了然。

据《论语·宪问》，子路向老师"问君子"，孔子只回答了四个字："修己以敬。"子路不耐烦地说："如斯而已乎（就这么多了吗）？"孔子又迸出了一句："修己以安人。"子路又一句"如斯而已乎？"孔子再加上了一句："修己以安百姓。"子路问的技术含量比较低，性急，唐突，让老师发挥失常，水准也不高。孔子后面两句"修己以安人"与"修己以安百姓"，真看不出有什么差别，难道"人"不包括百姓吗？显然，孔子是在搪塞子路的。

孔子实行的是问答式教育，老师讲授内容的深浅和高低，很大程度上取决于问话者的水准。打个比喻，让意大利的劲旅AC米兰队与中国足球队较量，他们的发挥一定不会太好，传球失误频频，松松垮垮，吊儿郎当，我们一定觉得他们的水准也不高。

非常有趣，子路和子贡都向老师问一模一样的问题，孔子回答的详细程度和方面则截然不同：

子路问曰："何如斯可谓之士矣？"子曰："切切偲偲、怡怡如也，可谓士矣。朋友切切偲偲，兄弟怡怡。"（《论语·子路》）

子路问："如何才能算是'士'呢？"孔子说："互相勉励，共同进步，和睦相处，可以称为'士'了。朋友之间要互相勉励，兄弟之间要和睦相处。"这是孔子针对子路的情况而说的，子路"兼人"，争强好胜，性格刚直，说话不顾及，容易伤别人，跟别人处理不好关系。特别有趣的是，孔子还怕子路不能领悟精神，特别又明确道："**朋友切切偲偲，兄弟怡怡**"，目的在提醒子路不要搞错了对象。孔子这话是具体问题具体分析，是针对子路而发的，孔子的话还没说完呢，一般人又是如何才能达到"士"的标准？可是，子路不往下问了，孔子也不往下说了。

再来看看子贡是如何"问士"的。

子贡问曰："何如斯可谓之士矣？"子曰："行己有耻，使于四方，不辱君命，可谓士矣。"曰："敢问其次。"曰："宗族称孝焉，乡党称弟焉。"曰："敢问其次。"曰："言必信，行必果，硁硁然小人哉！抑亦可以为次矣。"曰："今之从政者何如？"子曰："噫！斗筲之人，何足算也！"（《论语·子路》）

子贡也问："如何才能算是'士'呢？"孔子回答的角度则大不一样："对自己的行为能够保持羞耻之心；出使他国，能不辜负君主委托的使命。这样的人，可以称为'士'了。"子贡显然听出这是老师针对自己而说的，他利口善辩，是个外交人才，所以老师才说"行己有耻，使于四方，不辱君命"。子贡也很有抱负，知道像他这样的"士"只有个别人才能做到，那么他还关心次一等的士又是如何。子贡接着问，孔子就接着答："宗族里的人称赞他孝顺父母，乡里的人称赞他敬爱兄长。"子贡明白，老师谈的第一类是"国士"，第二类是"家士"，那么一个人还要跟别人打交道，"士"又应该怎么表现呢？因此子贡说："我斗胆再问，更次一等的士如何？"孔子回答说："许下诺言后，不问是非曲直，一定守信；做事也不论结果好坏，一定要坚持到底。这一类糊涂而固执的小人，也可以作为次一等的了。"这一类的精神确实有可称道之处，然而效果不一定好。三类士谈完了，俗话说"事不过三"，子贡还不满足，继续往下问："如今从政的人又如何呢？"孔子感叹道："咳！这些气量狭小的人，哪里算得了士？"

　　子贡善问，一步步诱引老师对士作了全面的阐述，孔子不仅把士分出类别，而且也给出档次。而且子贡也让孔子说出了对当今执政者的看法。孔子遵循一个"礼"，"居是邑，不非其大夫（《荀子·子道》）"，这次打破了自己说话的原则，完全是跟子贡谈话谈到兴头上了，思想解除了武装。

　　问问题也是一门学问，子贡有很多值得我们借鉴的地方。

　　子贡善问，这为我们充分开发了孔子的思想宝藏。孔子的思想体系的建立和发展，子贡立下了第一功！因为子贡的善问，使得孔子许多闪耀着智慧光芒的名言得以流传千古。

孔子的新闻发言人——子贡

古今对孔子的理论和人生解读得最全面、最准确的人，莫过于子贡。如果没有子贡，我们对孔子的理解，恐怕还是在黑暗中摸索。子贡能做到这一点，除了他与孔子的零距离接触外，还在于他的智慧，他的观察力，他的洞察力，特别是他的务实精神和反省能力。

孔子学院的教学是问答式的，你不问，孔子不答。孔子也不用教案，不像今天的课堂教学，今天非把什么内容上完不可。而且孔子一次只说一句话，你问得越多，他回答得越多。

孔子的思想是中华民族的宝贵文化遗产，然而他的思想是被问出来的。那么，首先感谢一个善问的人，他就是子贡。子贡不仅问得多，而且面最广，他问政、问仁、问道、问君子、问友、问士、问好人、问坏人、问贫富、问古人，还问今人。

孔子是那个时代的文化名人，很多人对他好奇，想从他的学生那里打探到一些关于孔子的消息。但是，学生跟学生不一样，问不对人只好空手而归。据《论语·述而》，一次叶公向子路打听孔子，子路傻乎乎的，竟然不回答，啥也说不出来。孔子则埋怨道："你怎么不说，他这个人呀，发愤忘食，乐以忘忧，不知老之将至云尔。"看来，孔子虽然说"人不知而不愠，不亦君子乎（《论语·学而》）"，但是他也是很想让别人了解自己的，特别是想让别人知道自己的好学精神。

子路是孔子的监督员，但是他并没真正理解老师的为人，特别是老师的理论。叶公是没有找对人，如果问子贡，那一定会得到漂亮的回答。有不少人向子贡打听孔子的事情，大都满意而归。

根据《论语·学而》，子禽问子贡："先生每到一个国家，必能了解到那个国家的政事，是请求人告诉他的呢？还是人家自愿告诉他的？"子贡说："先生是以温和、良善、恭敬、检点、谦逊的态度得来的（夫子温、良、恭、俭、让以得之）。他老人家获得信息的方法，总是和别人不一样吧！"经子贡这么一描绘，马上把孔子的圣人像勾勒出来了。

讲究师承，也就是学术出身，可以追溯到2500年之前。俗话说，名师出高徒，好的师承可以给自己平添好几分。这跟今天讲究名校毕业如出一辙。但是，第一个博士导师一定不是博士，第一个名人一定不是向名人学习的。

卫国的公孙朝大概想贬一贬孔子，向子贡问道："仲尼是从哪里学习的？"也就是说，孔子的老师是谁？子贡的回答太漂亮啦："文、武之道，未坠于地，在人。贤者识其大者，不贤者识其小者，莫不有文、武之道焉。夫子焉不学？而亦何常师之有（《论语·子张》）？"在子贡看来，夫子的伟大在于所有的"民人"都是他的老师，他是真正读懂了社会这本大书。

还有人关心夫子的弟子构成问题。你看，孔门弟子什么出身、什么样子都有，有来自官宦家庭的，有来自平民百姓的，有北方的，有南方的，有贤的，有愚的，有帅的，有丑的。所以南郭惠子就好奇，问子贡说："夫子之门，何其杂也？""杂"本来不是什么好字眼，子贡的回答很精彩，一连用了两个比喻:"君子正身以俟,欲来者不距,欲去者不止。且夫良医之门多病人,檃栝之侧多枉木,是以杂也(《荀子·法行》)。"我们夫子德高望重,善待众人,想来的就来,想走的就走。就像一个著名的大夫一样,什么样的人都来看病,什么样的病也都让他来看;就像一棵挺拔的大树旁边多歪曲不直的小树、灌木一样。一句话,弟子来源的杂,正衬托出夫子的伟大。每次子贡的回答,都能对夫子的形象有所提升。

那么,夫子理论的"一个中心点"在哪里呢?也是子贡问出来的。我们前面讲过,在陈蔡被围期间,缺粮断水,众弟子饿得站都站不起来了,孔子仍然吟诵弦歌之声不绝。这都啥时候了,还"君子不忧不惧",因而子贡发火(色作)。此时孔子想降一下子贡的温,提出告诉子贡他"一以贯之"的那个"一",子贡不感兴趣,对话不了了之。然而,子贡这个最忠心的学生并没有忘了这件事。据《论语·卫灵公》,子贡问道:"有一言而可以终身行之者乎?"孔子回答:"其'恕'乎!己所不欲,勿施于人。"子贡的这一问,一直影响到今天。在一次联合国的教科文组织会议上,不少代表提议,把"己所不欲,勿施于人"作为全人类最基本的道德规范之一。的确,如果人人都做到了这一点,我们这个世界就和谐了,也就让爱充满了人间。

问什么样的问题,怎么问问题,代表一个人的水准。上面这个问题,子路是问不出来的。表面上看来,孔子东一句,西一句,实际上他有贯穿其间的一个中心点。子贡认识到了这一点,所以他才会问这样的问题。

孔子的学术特征,也是子贡概括出来的。孔子谈什么,不谈什么,代表他的价值观念。子贡说,"夫子之文章,可得而闻也;夫子之言性与天道,不可得而闻也(《论语·公冶长》）。"这里的文章跟我们今天的意思不一样，指的是诗、书、礼、乐、史等方面的古代文献。孔子曾经说自己"下学而上达（《论语·宪问》）"，下学人士，上达天命，这很容易引起后世人对孔子"上达"思想的臆测。子贡告诫后人，夫子没有发表过这方面的具体言论，避免对孔子的恣意诠释，任意曲解。孔子是个现实主义者，自然也好，人性也好，这些都是极神秘的东西。孔子对玄妙而无实据的东西存而不论。

孔子的思想是被问出来的，问问题的水准越高，孔子的发挥也就越好。同时是"问政"，可以看出齐景公与子贡之间的距离。

《论语·颜渊》和《史记·孔子世家》都记录了齐景公向孔子问政，孔子回答说："君君、臣臣、父父、子子。"齐景公拍案叫绝："善哉！信如君不君，臣不臣、父不父、子不子，虽有粟，吾得而食诸？"齐景公的思想觉悟也太有待提高了，好像搞政治就是保住自己的饭碗。难怪齐景公死后，孔子对他的评价不高："齐景公有马千驷，死之日，民无德而称焉（《论语·季氏》）。"齐景公也只顾自己乐陶陶的，不再往下问了，你不问，孔子也不答。据《史记·孔子世家》，过了几天齐景公又向孔子问政，孔子回答道："政在节财。"孔子换话题了。孔子这两次谈论政治，都有些语焉不详，这跟问者的水平太次不无关系。

现在来看看子贡是如何问政的：

子贡问政。子曰："足食，足兵，民信之矣。"子贡曰："必不得已而去，于斯三者何先？"曰："去兵。"子贡曰："必不得已而去，于斯二者何先？"曰："去食。自古皆有死，民无信不立。"（《论语·颜渊》）

不知是因为子贡的水平高,还是孔子的政治思想发展到了新的高度,他的言论也深刻得多,全面得多。在孔子看来,经济(足食),国防(足兵),道德(民信),是立国之本。也就是说,物质文明建设,精神文明建设,加上国防建设,可以保证一个国家长治久安,和谐发展。在今天看来,这种观念也不过时。孔子不愧是一个伟大的思想家!这要搁齐景公,肯定会手舞足蹈,连声"妙!妙!妙!"不再往下问了。然而,子贡就是子贡,他还感兴趣这三件事的轻重缓急。孔子回答,第一重要是道德建设,其次是物质建设,最后才是国防建设。孔子所说的不一定绝对正确,起码我们可以更系统、全面了解他的政治思想。他是最崇尚道德的,所以把道德建设放在第一位。《史记·货殖列传》中引用管仲的一句名言:"*仓廪实而知礼节,衣食足而知荣辱*",与孔子的政治思想有所不同。

对孔子人格魅力和道德力量的认定,也是子贡做出来的。孔子很讲究谦让,所以很多时候,他讲的是真心话,还是在谦虚,说的是自己,还是别人,后人很难搞清楚。幸好有了子贡,我们才不在那里犯迷糊。有次孔子自己开了个话题:"君子道者三,我无能焉:仁者不忧,知者不惑,勇者不惧(《论语·宪问》)。"表面上看,孔子说自己没有能力做到这三点,可是子贡心里清楚,这是夫子在表白自己:"老师说的就是自己呀(*夫子自道也*)!"

孔子的性格决定了他不会张扬自己,这不仅是子贡对老师的认识,也是孔子对自己的定位。那就是,孔子是一个仁者、智者、勇者,孔子的一生确实体现了这三点,也确实做到了不忧、不惑、不惧。这就是几千年来,孔子永远不衰的人格魅力所在!

孔子的理论,在当时的人看来就不好懂,究其原因,除了他的理论博大精深外，还跟孔子不喜欢或者说不善于论证不无关系。子贡呢，是当时的成功人士，经商出色，政绩显著，而且还时不时发些高论，所以不少人认为，子贡的水准超过了他的老师孔子：

叔孙武叔语大夫于朝，曰："子贡贤于仲尼。"子服景伯以告子贡。子贡曰："譬之宫墙，赐之墙也及肩，窥见室家之好。夫子之墙数仞，不得其门而入，不见宗庙之美、百官之富。得其门者或寡矣。夫子之云，不亦宜乎！"（《论语·子张》）

这搁一般人，有人说他青出于蓝，超过了老师，他一定会翘尾巴。子贡这里恐怕不是谦虚，是真正认识到自己与老师之间的距离。子贡的话总是很艺术，不是抽象的说教，而是用精彩的比喻，给人的印象，既形象又深刻。子贡说："这就如同房舍的围墙，我的围墙只到肩膀，因而人们都能窥见房屋的美好。我老师的围墙有数仞高，找不到门进去，光在外边溜达，看不到宗庙的美好，也欣赏不到房舍的富丽。找得到门进去的人可能很少吧。叔孙武叔老先生的话不也很自然么！"这就是最精彩的广告台词，大大提升了老师的形象，而且也不忘反戈一击，贬一贬叔孙武叔这类人：太缺乏判断力了！

子贡实质上是孔子的"新闻发言人"。子贡的发言，绝大多数可能是得到孔子的授权或者起码是认同的。孔子是那个时代的文化超男，人们对他好奇，从各个方面关切他，是很自然的事情。但是，有时候子贡可能自由发挥过了头，就会及时得到"中央"的纠正：

太宰问于子贡曰："夫子圣者与？何其多能也？"子贡曰："固天纵之将圣，又多能也。"子闻之，曰："太宰知我乎！吾少也贱，故多能鄙事。君子多乎哉？不

多也。"牢曰："子云：'吾不试，故艺'。"（《论语·子罕》）

看来，子贡搞完新闻发布会后，都要向孔子汇报的。这一次孔子对子贡的发挥显然不太满意。太宰问子贡道："孔老先生是圣人吧？怎么这样多才多艺呢？"子贡说："这本是上天造就他为圣人，又使他多才多艺的！"子贡是把孔子神话了，迷信化了，这与他后来跟师兄弟们一起把孔子推向圣坛一脉相承。孔子则颇不以为然，因为他不赞成天命，也认为自己不是"生而知之者"，自己的知识是向前人学习，勤于思考而得来的（**好古，敏以求之者也**《论语·述而》）。太宰只是好奇孔子为何这么多才多艺，问题是出在子贡这里，然而孔子并不直接批评这位新闻发言人，只说"太宰了解我吗？"实际上是说"你阿赐并不了解我"。这是孔子的可敬之处，他并不隐瞒自己贫农出身，因为小的时候贫贱，所以学会了许多卑贱的技艺。同时他认为，那些出身高贵的君子会有这么多技艺吗？不会很多的。孔子还补充说，"我没有做官，所以学会了多种技艺（**吾不试，故艺**）。"能用一颗平常心看待自己是不容易的，孔子认为自己的技艺是由两种因素造成的，一是小时候贫贱，二是后来做不了官。孔子有他坦诚可爱的一面，也有他的局限性，认为这些具体的技艺都是卑贱的。

子贡的善问和解读，使我们能够比较准确而全面地理解孔子的治学之道、伦理核心、政治思想、人格魅力、思想博大。

子贡的每次新闻发布，都是比喻精当，文采飞扬，每次都是成功的"广而告之"，每次都是对孔子形象的升华！

善哉，子贡问！

孔子对子贡有看法

子贡利口善辩，但是子贡不像宰予，不当面跟老师较真儿；不像子路，不跟老师顶撞；不像樊迟，不提老师不喜欢的事情；也不像冉有，不做让老师生气的事情。

所以，孔子对子贡只是贬抑，没有骂他垃圾，没有开除他的学籍。虽然孔子对子贡始终有看法，但是对子贡的批评都很婉约，没有那么激烈。

根据《史记·仲尼弟子列传》，子贡利口巧辞，孔子经常折挫他（常黜其辩），就问"你跟颜回相比，谁好（汝与回也孰愈）？"子贡是个聪明人，从不吃眼前亏，老师一天到晚嘴上挂着"贤哉回也"，"贤哉回也"，因而答道"我怎么敢跟颜回比？颜回呢，听到一而知道十；我呢，听到一而知二（赐也何敢望回！回也闻一以知十，赐也闻一以知二）。"这段话也见于《论语·公冶长》，但是《论语》中省去孔子为何问子贡的原因，显然有为老师讳的原因。

子贡的实际能力远胜于颜回，自己也不会不知道，只是不想惹老师生气而已。孔子还来劲了，连连说："你是不如颜回，我赞成，你是不如颜回（弗如也！吾与女，弗如也）！"

树立榜样，有两种作用，一种是鼓励别人上进，一种是挫别人的锐气。孔子则是常取第二种。遇到子路那种人,就会发生师生之间的争吵。显然,子贡的修养比子路高出一筹。

孔子刚开始是很不看好子贡的。《论语·公冶长》有下面记载:

子贡问曰:"赐也何如?"子曰:"女,器也。"曰:"何器也?"曰:"瑚琏也。"

《史记·仲尼弟子列传》交代,这是孔子在子贡刚受业时讲的。到底孔子是在夸子贡还是在贬子贡,有各种不同的说法。钱穆先生认为这是赞许子贡为"廊庙之材"(见《论语新解》)。李零先生认为是有分寸的肯定,因为"瑚琏是重器,但不是最重要的器"(见《丧家狗》)。易中天先生认为有褒有贬,半开玩笑,他的意思是,阿赐呀阿赐,你是个"又贵重又华美的高级饭桶"。

我认为,孔子的话是贬,而且是认真的。子贡是"巧言"之人,属于孔子最反感的那类人。孔子认为,"巧言"是个道德问题,"巧言令色,鲜矣仁",所以"左丘明耻之,丘亦耻之";同时"巧言"也是个政治问题,可以倾覆国家,所以他憎恶这类人。孔子认为"君子不器(《论语·为政》)",意思是说,君子不能像器具那样只有特定的用途。可知,孔子上面的话实际上是告诉子贡,"你不可能成为一个君子"。瑚琏是祭祀时盛粮食的贵重器皿,那也只是一个美丽的摆设而已,不成大器。

子贡恐怕很受伤。他之所以要问老师,"我是什么样的人?"一定也是想从老师那里得到一些鼓励的话。没想到老师对自己的评估连及格也没有达到。

孔子还很怀疑子贡的能力,达不到自己的道德标准。孔子的理论核心是"忠恕","恕"则是"己所不欲,勿施于人"。一天子贡也想立下志愿,讲"*我不欲人之加诸我也,吾亦欲无加诸人(《论语·公冶长》)。*"孔子则说:"阿赐呀,这一点你做不到(*赐也,非尔所及也*)。"其实,子贡也不过是表达一下自己的决心和追求,谁又能完全做得到呢?作为老师,这个时候应该鼓励学生,即使不能完全做到,努力总比不努力强吧!

孔子自己就做得很完美吗?我看也不见得。据《论语·阳货》,一个叫孺悲的人想见孔子,孔子先推辞有病不见。来传话的人刚走出门,孔子弹瑟而歌,故意让传话者听到。这就是成心气人!到底孺悲为何把孔子得罪得这么苦,不得而知。然而孔子如能换位思考,设身处地为人家想想,人都是要面子的,不见就罢了,何必这样去气人家、去羞辱人家?

子贡会说话,并不是表现在华丽的言辞上。他知道怎么问,才能套出老师的心里话。这一点也很让老师心里窝火,因为孔子可能有中圈套的不悦之感。

孔子官场失意,长期赋闲在家。到底是他已心灰意冷,还是等待新的机会。这话哪个弟子都不好直接问。根据《论语·子罕》,子贡问孔子:"有一块美玉在这里,是把它放在柜子里收藏起来呢,还是找一个识货的商人卖掉它呢(*有美玉于斯,韫椟而藏诸,求善贾而沽诸*)?"孔子毫无防备,一下吐露真情:"卖了它吧!卖了它吧!我正等着识货的商人哪(*沽之哉!沽之哉!我待贾者也*)。"孔子说完这话,不知是否难为情,自己这么伟大的理论,怎么一下降格成一个摆在店铺里的商品了?这不正是他所反对的那种器吗?

孔子对火药桶的子路恼火,还可以有机会发出去;然而,对这个打太极拳的子贡窝火,想发也没有地方发,有时只好发些莫名其妙的牢骚。

一个足球运动员要结束他的运动生涯，叫"挂靴"。有一天，孔子突然宣布要结束他的"言论生涯"，决定"挂嘴"。他谈话的对象，就是那位经常套他话的阿赐。据《论语·阳货》，孔子和子贡说："我不想说话了。"子贡很紧张："您如果不说话，那么我们传述什么呢？"孔子说："天说了什么呢？自己照样运行，万物照样生长。天说了什么呢（天何言哉？四时行焉，百物生焉，天何言哉）？"孔子就是想成为让别人看不透、捉摸不定的天。

孔子跟子贡一说话，就上升到"天"的高度，让人云里雾里，摸不着头脑。刚讲过，孔子要像天那样，不言不语了。接着，孔子又对子贡说道："没有人了解我呀！"子贡不解地问："为什么说没有人了解您呢？"孔子说："不埋怨天，不归咎人，下学人事，上达天命。了解我的大概只有天吧（不怨天，不尤人；下学而上达。知我者其天乎《论语·宪问》）！"孔子曾说，"人不知而不愠，不亦君子乎（《论语·学而》）"，"不患人之不己知，患其不能也（《论语·宪问》）"，这也正透露出每个人都渴望别人了解自己，人家不了解自己，又能心平气和地对待，那是种君子境界，一般人并不容易做到。这不正透露出孔子不为人知的苦恼吗？

孔子为什么单单对子贡说，没有人理解他呢？恐怕也是对这位老是成功地套出老师的内心话的弟子感到不那么舒服。孔子也就是说，阿赐呀，你别以为把我摸透了，我的道大着呢，下学人事，上达天命，只有老天才真正知道我！你所能理解我的，顶多就是"下学人事"那点儿事情。

这是任何一个普通人的心理，都不愿意别人把自己的心思全看透了。

如果说孔子对子路的批评是暴风骤雨式的，那么孔子对子贡的批评则是和风细雨。因为子贡"太狡猾"，让孔子有火又发不出来。

子贡也有自身的毛病，"*喜扬人之美，不能匿人之过*（《*史记·仲尼弟子列传*》）"，喜欢说别人的短长，"*方人*"，比如问"*师与商也孰愈*"，就是这位仁兄，他总是感兴趣别人的优劣短长。这如果搁子路身上，孔子早就不客气了，可是对于子贡，孔子的批评则相当婉约："阿赐呀，你就那么好吗？要叫我呀，可没有闲工夫去指责别人（*赐也贤乎哉！夫我则不暇*《论语·宪问》）。"

子贡是孔子最有出息的学生，孔子虽然没有太多表扬他的话，但是对他的批评也很婉约。

子贡跟老师打太极拳，柔中带刚。孟子对子贡的评价很精到："*智足以知圣人，污不至阿其所好*（《*孟子·公孙丑上*》）"。他与夫子朝夕相处，但并不阿谀奉承，投其所好。子贡只是不像他的师兄子路那样，跟老师经常没大没小，经常争吵。子路也有这个资历，是大师兄，只比孔子小九岁，老师的事，师弟们的事，他都觉得自己有责任去管。然而子贡则比孔子小三十一岁，在那个时代应该是爷孙两代。所以子贡从来不忍心惹老师生气，让老师伤心。

子贡对老师的爱，是发自肺腑的，子贡的勇气也是超人的。他也是很有个性的。《史记》记载，他发过两次火，一次是在陈蔡之间被围困时，大家都饿得站不起来了，孔子不但不想办法，还在那里吟诗弹琴。子贡发完火后，马上采取行动，突破包围圈，到楚国搬来救兵，避免了孔子兵团全军覆没。第二次就是在孔子去世的时候，当面指责鲁哀公。《史记·孔子世家》详细地记录了这件事：

鲁哀公为孔子作了一篇悼词说："老天爷不仁慈，不肯留下这位老人，使他扔下我，孤零零一人在位，我孤独而又伤痛。啊！多么痛！尼父啊，没有人可以作为我学习的楷模了（旻天不吊，不憗遗一老，俾屏余一人以在位，茕茕余在疚。呜呼哀哉！尼父，毋自律）！"子贡说："鲁君他难道不能终老在鲁国吗？老师的话说：'法丧失就会昏乱，名分丧失就会产生过失。丧失了意志就会昏乱，失去所宜就会出现过错。'老师活着的时候不能用他，死了作祭文哀悼他，这是不合礼的。以诸侯身份称'余一人'，是不合名分的啊（君其不没于鲁乎！夫子之言曰：'礼失则昏，名失则愆。失志为昏，失所为愆。'生不能用，死而诔之，非礼也。称'余一人'，非名也）。"

要搁现在，那就是国君亲自参加孔子追悼会，并致悼词，算是给足了面子，不管生前有多大恩怨，死者的家属亲友都会激动万分，感激涕零。可是，子贡当面怒斥鲁哀公昏庸无礼，生前不能重用老师。

夫子栖栖惶惶一生，累累若丧家狗，他的道德学问本该是让他过上另一类生活。真有你的，子贡，古今唯一一个为孔子出了一口恶气的人！

我隔着两千多年的时空，给你深深鞠一个躬：好样的，子贡！

超牛的外交家——子贡

在孔子学院中，把学生和老师都算进来，子贡是最善于言辞的。子贡还是一个超级出色的外交家。最经典的案例还是他凭借三寸不烂之舌，游说于诸侯之间，并成功地改变了五个国家的命运。下面详细评点子贡这段足可作为外交学院经典教材的故事。

孔子一生中最反感的就是"巧言"这类人了，他不仅把它上升为一个道德问题（巧言令色，鲜矣仁《论语·学而》），而且还把它上升到政治高度（恶利口之覆邦家者《论语·阳货》）。呵，问题够严重了。巧言者往往是不仁之人，他们的危害甚至大到会让一个国家灭亡。

因为孔子对巧言的独到见解，子贡自然属于孔子所贬损的那一类。事实证明，孔子错了。

《史记·仲尼弟子列传》中详细记录了子贡的一次漂亮的外交使命。这件事发生在鲁哀公十一年（前484年），即孔子刚刚结束14年周游列国的生涯返回鲁国的第一年。此时，子贡三十七岁。

可以说，子贡是战国纵横家苏秦、张仪他们的祖师爷。

田常想要在齐国叛乱，却害怕高昭子、国惠子、鲍牧、晏圉的势力，所以想转移他们的军队去攻打鲁国。孔子听说这件

事，对门下弟子们说："鲁国，是祖宗坟墓所在的地方，是我们出生的国家，我们的祖国危险到这种地步，诸位为什么不挺身而出呢？"子路请求前去，孔子制止了他。子张、子石请求前去救鲁，孔子也不答应。子贡请求前去救鲁，孔子答应了他。

可见，孔子心中是有杆秤的。他平时嘴巴上说归说，但是他知道关键的时候需要谁。这件事情，既需要口才，又需要智慧和勇气。有勇无谋的子路肯定不合适，无勇无谋的子张、子石自然也不行。那么，为什么选中子贡呢？因为子贡已经证实了自己的能力。在陈蔡被围困时，就是子贡只身突破包围，前到楚国搬来救兵而解围的。

虽然孔子对子贡一直的评价有所保留，然而在这国难当头之际，他还是很实际地选择了子贡来担此重任。那么，面对当时强大的齐国，手上没有一兵一卒的子贡，又如何能够凭借自己的一己之力，来完成挽救鲁国这个几乎不可能的任务呢？

子贡首先把前来攻打鲁国的田常搞定了。子贡就出发了，来到齐国，游说田常说："您攻打鲁国是错误的。鲁国，是难攻打的国家，它的城墙单薄而矮小，它的护城河狭窄而水浅，它的国君愚昧而不仁慈，大臣们虚伪而不中用，它的士兵百姓又厌恶打仗的事，这样的国家不可以和它交战。您不如去攻打吴国。吴国，它的城墙高大而厚实，护城河宽阔而水深，铠甲坚固而崭新，士卒经过挑选而精神饱满，可贵的人才、精锐的部队都在那里，又派英明的大臣守卫着它，这样的国家是容易攻打的。"田常顿时愤怒了，脸色一变说："你认为难，人家认为容易；你认为容易的，人家认为是难的。用这些话来指教我，是什么用心？"子贡说："我听说，忧患在国内的，要去攻打强大的国家；忧患在国外的，要去攻打弱小的国家。如今，您的忧患在国内。我听说您多次被授予封号而多次未能封成，是因为朝中的大臣有反对你的呀。现在，你要攻占鲁国来扩充齐国的疆域，若是打胜了，你的国君就更骄纵，占领了鲁国土地，贵国的大臣就会更尊贵，而您的功劳都不在其中，这样，您和国君的关系会一天天地疏远。这样，您对上使国君产生骄纵的心理，对下使大臣们放纵无羁，想要因此成就大业，太困难啦。国君骄纵就会无所顾忌，大臣骄纵就会争权夺利，这样，对上您与国君感情上产生裂痕，对下您和大臣们相互争夺。像这样，那您在齐国的处境就危险了。所以说不如攻打吴国。假如攻打吴国不能取得胜利，百姓死在国外，大臣在外率兵作战，朝廷内部势力空虚，这样，在上没有强臣对抗，在下没有百姓的非难，孤立国君专制齐国的只有您了。"田常说："好。虽然如此，可是我的军队已经开赴鲁国了，现在从鲁国撤军转而进兵吴国。大臣们怀疑我，怎么办？"子贡说："您按兵不动，不要进攻，请让我为您出使去见吴王，让他出兵援助鲁国而攻打齐国，您就趁机出兵迎击它。"田常采纳了子贡的意见，就派他南下去见吴王。

子贡显然是有备而来，一番利害分析下来，令田常恍然大悟，不敢再轻举妄动。子贡游说田常的技巧，就是把国家利益和田常自己的利益分开，两者往往是相矛盾的，国家强大了对您个人恰恰是一件坏事。这个看法够深刻、够精辟了。

子贡第二站就是游说吴王："我听说，施行王道的不能让诸侯属国灭绝，施行霸道的不能让另外的强敌出现，在千钧重的物体上，再加上一铢一两的分量也可能产生移位。如今，拥有万辆战车的齐国再独自占有千辆战车的鲁国，和吴国来争高低，我私下替大王感到危险。况且去援救鲁国，是显扬名声的事情；攻打齐国，是能获大利的事情。安抚泗水以北的各国诸侯，讨伐强暴的齐国，用来镇服强大的晋国，没有比这样做获利更大的了。名义上保存危亡的鲁国，实际上阻陋了强齐的扩张，这道理，聪明人是不会怀疑的。"吴王说："好。虽然如此，可是我曾经和越国作战，越王退守在会稽山上栖身，越王自我刻苦，优待士兵，有报复我的决心。您等我攻打越国后再按您的话做吧。"子贡说："越国的力量超不过鲁国，吴国的强大超不过齐国，大王把齐国搁置在一边，去攻打越国，那么，齐国早已平定鲁国了，况且大王正借着'使灭亡之国复存，使断绝之嗣得续'的名义，却攻打弱小的越国而害怕强大的齐国，这不是勇敢的表现。勇敢的人不回避艰难，仁慈的人不让别人陷入困境。聪明的人失掉时机，施行王道的人不会让一个国家灭绝，凭借这些来树立你们的道义。现在，保存越国向各国诸侯显示您的仁德，援助鲁国攻打齐国，施加晋国以威力，各国诸侯一定会竞相来吴国朝见，称霸天下的大业就成功了。大王果真畏忌越国，我请求东去会见越王，让他派出军队追随您，这实际上使越国空虚，名义上追随诸侯讨伐齐国。"吴王特别高兴，于是派子贡到越国去。

子贡深知吴王夫差有图霸中原的野心，正是利用这一点，成功地说服吴国救援鲁国。并帮助吴王解除了后顾之忧，子贡亲自去摆平越国，让吴王放心去攻打齐国。

子贡出使的第三站就是越国。越王清扫道路，到郊外迎接子贡，亲自驾驭着车子到子贡下榻的馆舍致问说："这是个偏远落后的国家，大夫怎么屈辱自己庄重的身份光临到这里来了！"子贡回答说："现在我已劝说吴王援救鲁国攻打齐国，他心里想要这么做却害怕越国，说：'等我攻下越国才可以。'像这样，攻破越国是必然的了。况且如果没有报复人的心志而使人产生怀疑，太拙劣了；如果有报复人的心志又让人知道，就不安全了。事情还没有发动先叫人知道，就太危险了。这三种情况是办事的最大祸患。"勾践听罢叩头到地再拜说："我曾不自量力，才和吴国交战，被围困在会稽，恨入骨髓，日夜唇焦舌燥，只打算和吴王一块儿拼死，这就是我的愿望。"于是问子贡怎么办。子贡说："吴王为人凶猛残暴，大臣们难以忍受；国家多次打仗，弄得疲惫衰败，士兵不能忍耐；百姓怨恨国君，大臣内部发生变乱；伍子胥因谏诤被杀死，太宰嚭执政当权，顺应着国君的过失，用来保全自己的私利：这是残害国家的政治表现啊。现在大王果真能出兵辅佐吴王，以投合他的心志，用重金宝物来获取他的欢心，用谦卑的言辞尊他，以表示对他的礼敬，他一定会攻打齐国。如果那场战争不能取胜，就是大王您的福气了。如果打胜了，他一定会带兵逼近晋国，请让我北上会见晋国国君，让他共同攻打它，一定会削弱吴国的势力。等他们的精锐部队全部消耗在齐国，重兵又被晋国牵制住，而大王趁它疲惫不堪的时候攻打它，这样一定能灭掉吴国。"越王非常高兴，答应照计行动。送给子贡黄金百镒，宝剑一把，良矛二支。子贡没有接受，就走了。

这里有一个细节值得注意。子贡虽然经商，但是他并不是一个贪财、爱财之人，拒绝了越王的厚礼。

子贡回报吴王说："我郑重地把大王的话告诉了越王，越王非常惶恐，说：'我很不走运，从小就失去了父亲，又不自量力，触犯吴国而获罪，军队被打败，自身受屈辱，栖居在会稽山上，国家成了荒凉的废墟，仰赖大王的恩赐，使我能够捧着祭品而祭祀祖宗，我至死也不敢忘怀，怎么另有其他的打算！'"过了五天，越国派大夫文种以头叩地对吴王说："东海役使之臣勾践谨派使者文种，来修好您的属下近臣，托他们向大王问候。如今我私下听说大王将要发动正义之师，讨伐强暴，扶持弱小，困厄残暴的齐国而安抚周朝王室，请求出动越国境内全部军队三千人，勾践请求亲自披挂铠甲、拿着锐利的武器，甘愿在前面去冒箭石的危险。因此派越国卑贱的臣子文种进献祖先珍藏的宝器，铠甲十二件，斧头、屈卢矛、步光剑、用来作贵军吏的贺礼。"吴王听了非常高兴，把文种的话告诉子贡说："越王想亲自跟随我攻打齐国，可以吗？"子贡回答说："不可以。使人家国内空虚，调动人家所有的人马，还要人家的国君跟着出征，这是不道义的。你可以接受他的礼物，允许他派出军队，辞却他的国君随行。"吴王同意了，就辞谢越王。于是吴王就调动了九个郡的兵力去攻打齐国。

子贡因而离开吴国前往晋国，对晋国国君说："我听说，不事先谋划好计策，就不能应付突然来的变化，不事先治理好军队，就不能战胜敌人。现在齐国和吴国即将开战，如果那场战争吴国不能取得胜利，越国必定会趁机扰乱它；和齐国一战取得了胜利，吴王一定会带他的军队逼近晋国。"晋非常恐慌,说:"那该怎么办呢?"子贡说:"整治好武器,休养士卒,等着吴军的到来。"晋君依照他的话做了。

从齐国来到吴国,又从吴国来到越国,再到晋国,子贡这一路走来,顺风顺水,左右逢源。结果,一切都在子贡的预料之中。子贡离开晋国前往鲁国。吴王果然和齐国人在艾陵打了一仗,把齐军打得大败,俘虏了七个将军的士兵而不肯班师回国,果然带兵逼近晋国,和晋国人在黄池相遇。吴晋两国争雄,晋国人攻击吴国,大败吴军。越王听到吴军惨败的消息,就渡过江去袭击吴国,直打到离吴国都城七里的路程才安营扎寨。吴王听到这个消息,离开晋国返回吴国,和越国军队在五湖一带作战。多次战斗都失败了,连城门都守不住了,于是越军包围了王宫,杀死了吴王夫差和他的国相。灭掉吴国三年后,越国称霸。

大家都知道这个历史故事,越王勾践卧薪尝胆,最后灭掉了吴国。但是,如果没有子贡在背后的策划,越王勾践即使一辈子睡在干柴棒上,一辈子吃苦胆,也不一定能够报仇雪恨。光能吃苦,没有智慧,是成不了大事的。

正如子贡所预期的,田常后来也如愿以偿,篡夺了齐国的王位。这也是春秋战国时期的一件大事。但是假如田常按照自己的小聪明行事,没有子贡的大智慧,结果一定是事与愿违,反算了卿卿性命。没有大智慧,光会耍小聪明的人,常常是搬起石头砸自己的脚。

司马迁对子贡出使四国的总评价为:故子贡一出,存鲁,乱齐,破吴,强晋而霸越。子贡一使,使势相破,十年之中,五国各有变(《史记·仲尼弟子列传》)。这是子贡为孔子立下的最大一功,保住了自己的父母之国,但是把其他四国都折腾得够呛。有时候是很矛盾的,对别人仁慈,则对自己有害；对自己仁慈，则对别人有害。

子贡之"利口"覆了吴国邦家，但是保住了父母之国鲁国。事情是子贡做的，决定派子贡的却是孔子，孔子是憎恶子贡呢，还是称赞子贡，看来很多事情的是非判定，并没有那么容易。

子贡的这次外交使命完成得太漂亮了！他的成功在于对人性的精准把握和对国际形势的深刻分析。

孔子后的掌门人——子贡

　　子贡，孔子晚年最倚重的弟子，孔子去世后的掌门人。司马迁是这样概括子贡对孔子理论发扬光大的贡献的："夫使孔子名布扬于天下者，子贡先后之也（《史记·货殖列传》）。"那么，子贡是如何"先后之"呢？

　　当初，子贡刚来到孔子门下的时候，孔子并不看好这个弟子。孔子认为子贡将来不过是一个漂亮的摆设而已，还认为子贡远不如颜回。事实证明，孔子看人并不那么准。

　　子贡在三十岁左右的时候，已经闻名遐迩，他的声誉已经蹿升到孔子弟子中第一名。公元前489年，孔子六十三岁时，据《史记·孔子世家》记载，楚昭王想重用孔子，令尹子西劝阻，提到孔子的四个弟子，第一个问到的就是子贡，"咱们楚国有没有一个外交才能像子贡这么优秀的？"楚昭王盘算了一下，回答说"没有"。

　　子贡的经济实力和政治资源，在孔门弟子中也是首屈一指。他"常相鲁卫，家累千金（《史记·仲尼弟子列传》）"。子贡在理论上的建树也很了得。据《论语·子张》，叔孙武叔在朝廷上公开对大夫们说："子贡贤于仲尼。"陈子禽甚至当着子贡的面说："您对仲尼是有意表现恭敬吧，他哪里比您更强呢（子为恭也，仲尼岂贤于子子）？"我们不能简单地把当时这种议论看作是有意贬低孔子，只能说是仁者见仁，智者见智，从一个侧面证明子贡在当时的社会声誉。

子贡也证明了自己的胆识。这有两次突出的表现：第一次是在公元前489年，孔子一行陈蔡之间被围，他只身来到楚国搬来救兵，使得中国历史上最强大的思想兵团免遭全军覆没之厄；第二次是在公元前483年，鲁国面临严重外患，子贡出使齐、吴、越、晋，保护了孔子的父母之国。

孔子七十岁后，连遭重大打击。七十一岁，最心爱的弟子颜回死，"哭之恸"，说"噫！天丧予！天丧予（《论语·先进》）！"七十二岁，子路死于卫国内乱。子路死时，《史记·仲尼弟子列传》中有这么一句话："是时子贡为鲁使于齐"。显然，子贡已经成为孔子晚年的精神寄托，最关键的时候，他首先想到的是"子贡，你在哪里？"

从孔子弥留人间的最后一年起，子贡做了三件事情：一、安排孔子的后事；二、维护孔子的形象；三、把孔子推向圣坛。

一、安排孔子的后事

孔子晚年接连各种打击，七十三岁那年病重，子贡听说后马上从外地赶来看望。《史记·孔子世家》有段非常感人的记载，孔子拄着拐杖，勉强支撑着病重的身躯，在大门外艰难地徘徊，等待着子贡到来（方负杖逍遥于门）。看到风尘仆仆赶来的子贡，孔子的第一句话就是"赐，汝来何其晚也？"阿赐啊，你怎么回来得这么晚呢？这不是抱怨，师生情谊尽在其中。接着，

孔子因叹，歌曰："太山坏乎！梁柱摧乎！哲人萎乎！"因以涕下。（《史记·孔子世家》）

弟子篇

孔子后的掌门人——子贡

泰山其颓乎梁木其坏乎哲人其萎乎孔子因叹而歌曰

孔子蚤作负手曳杖逍遥于门歌曰

之旧泰山将颓则吾将安仰梁木将坏哲人将萎则吾将安放今夫子殆将病也遂入子贡曰

赐也来何其晏也夫子因叹

既歌而入当户而坐子贡闻之曰

今天下无道久矣莫能宗予夏后氏殡于东阶之上则犹在阼也殷人殡于两楹之间则与宾主夹之也周人殡于西阶之上则犹宾之也而丘也殷人也予畴昔之夜梦坐奠于两楹之间夫明王不兴而天下其孰能宗予予殆将死也盖寝疾七日卒

孔子这声叹息，包含了多少含义！他这个时候是"歌"，"泰山要倒了！梁柱要断了，哲人要离开了！"于是，潸然泪下，老泪纵横。这才是孔子的真心话，是他对自己的定位：

山中之泰山，房屋之栋梁，人间之哲人。

令他叹息的，令他伤心的，就是跟子贡说的这句话："天下无道久矣，莫能宗予！"是啊，天下失去常道已经很久了，没有人能奉行哲人的主张。孔子是一位以天下为己任的人，也是为了拯救天下而栖栖惶惶一生的人。这种精神就是我们民族的脊梁，永远值得人们去敬仰！司马迁在《孔子世家》的最后说道："《诗》有之：'高山仰止，景行行止。'虽不能至，然心乡往之。"讲的大概就是孔子这种精神吧！

孔子这位哲人，一生的磨难太多太多。子贡又一次表现出了超人的勇气和正义，敢向当时的当权者为老师鸣不平。《史记·孔子世家》详细地记录了这件事：鲁哀公为孔子作了一篇悼词说："老天爷不仁慈，不肯留下这位老人，使他扔下我，孤零零一人在位，我孤独而又伤痛。啊！多么痛！尼父啊，

> 孔子是一位以天下为己任的人，也是为了拯救天下而栖栖惶惶一生的人。这种精神就是我们民族的脊梁，永远值得人们去敬仰！

没有人可以作为我学习的楷模了（旻天不吊，不憗遗一老，俾屏余一人以在位，茕茕余在疚。呜呼哀哉！尼父，毋自律）！"子贡说："鲁君他难道不能终老在鲁国吗？老师的话说：'法丧失就会昏乱，名分丧失就会产生过失。丧失了意志就会昏乱，失去所居就会出现过错。'老师活着的时候不能用他，死了作祭文哀悼他，这是不合礼的。以诸侯身份称'余一人'，是不合名分的啊（君其不没于鲁乎！夫子之言曰：'礼失则昏，名失则愆。失志为昏，失所为愆。'生不能用，死而诔之，非礼也。称'余一人'，非名也）。"

孔子死后，弟子们都对老师执父母礼，服丧三年。孔子死后葬在鲁城北面的泗水岸边，弟子们都为他服丧三年。《孟子》记载了一个细节，说明此时子贡的领导核心的地位已经确立。弟子服丧三年，整治好行装要走时，来拜见子贡并给其行礼（入揖于子贡），大家相对痛哭失声。孔子在时，只有孔子才能享受弟子的"入揖"。大家都走了，只有子贡在墓旁搭了一间小房住下，又住了三年，守墓总共六年，然后才离去。这不仅是一种礼节，更是一种精神，感动了当时，也感动了后世！

子贡之所以要给孔子服丧六年，我的解读有两个原因：一是出自他对老师的赤诚之爱，二是让师兄弟和社会承认他这个第一继承人，便于凝聚众心，继承和发展老师的理论。真情和策略往往并不矛盾。

二、维护孔子的形象

孔子去世后，首先面临的是树倒猢狲散的危险。司马迁对孔门很有感慨：自古以来，天下的君王直到贤人也够多的了，当活着的时候都显贵荣耀，可是一死什么也就没有了。孔子是一个平民，他的名声和学说已经传了十几代，读书的人仍然尊崇他为宗师。从天子王侯一直到全国谈六艺的人，都把孔子的学说作为判断衡量的最高准则，可以说孔子是至高无上的圣人了（天下君王至于贤人众矣，当时则荣，没则已焉。孔子布衣，传十余世，学者宗之。自天子王侯，中国言六艺者折中于夫子，可谓至圣矣《史记·孔子世家》）！

能做到这一点，除了孔子的伟大的思想、人格魅力外，也与子贡的努力分不开的。子贡做了两件事：内部服众，外部维护夫子的形象。

孔子去世后，弟子们亟需一个新的掌门人。《史记·仲尼弟子列传》有这么一则花絮：孔子死后，弟子思慕，有若长得像孔子，大家就把他供为老师，就像对待孔子那样尊敬有若。有一天，学生进来问他说："从前先生正要出行，就叫同学们带好雨具，不久果真下起雨来。同学们请教说：'先生怎么知道要下雨呢？'先生回答说：'《诗经》里不是说了吗：月亮依附于毕星的位子上，接着就会下大雨（月离于毕，俾滂沱矣）。昨天夜里月亮不是宿在毕星的位子上吗？'有一天，月亮又宿在毕星的位子上，却没有下雨。商瞿年纪大了还没有儿子，他的母亲要替他另外娶妻。孔子派他到齐国去，商瞿的母亲请求不要派他。孔子说：'不要担忧，商瞿四十岁以后会有五个男孩子。'过后，果真是这样的。请问先生当年怎么能够预先知道是这样的呢？"有若沉默无以回答。学生们站起来说："有先生，你躲开这儿吧，这个位子不是您能坐的啊！"看来，当孔子学院的老师还真不是闹着玩，还必须会预报天气，能掐会算。有若显然没修好这两科，光有面子，没有里子，结果被轰了下来。

子贡作为孔子后的掌门人，是历史的选择。他条件最好：

第一、功劳最大；

第二、水平最高；

第三、资源最丰；

第四、老师信任；

第五、声誉最好；

第六、忠心耿耿。

但是，聪明的子贡也清楚，稍有不慎，就会导致人心涣散。他选择坚定地维护孔子的形象，高举孔子思想这杆大旗。

这个掌门人还必须有足够的涵养，凝聚人心的人格魅力。孔子去世后，不少弟子开始自办学校，招收自己的学生。那么，不免出现一种争正统、别苗头的现象。据《论语·子张》，子夏的门人向子张询问交友之道。子张反问道："你的老师子夏是怎么说的？"子夏的门人回答："子夏说'可交的就与他交，那些不可交的就拒之门外'。"子张回答道："不同于我听说的：君子尊敬贤人，容纳众人；赞美好人，善待能力差的人。假若我很贤明，对别人什么不能容纳呢？我不贤明的话，别人将会拒绝我，还怎么可能拒绝别人呢（异乎吾所闻，君子尊贤而容众，嘉善而矜不能。我之大贤与，于人何所不容？我之不贤与，人将拒我，如之何其拒人也）？"子张显然有些跋扈，他应该知道，老师对同样的问题往往有不同的答案，哪有绝对正确的答案？他这种以正统自居的态度，自然得不到普遍的认可。难怪曾子说："（表面上）堂堂正正的子张啊，很难跟他一起修习仁德（堂堂乎张也，难与并为仁矣《论语·子张》）。"子游也发表了类似的看法："我的朋友子张啊，是难能可贵的人啊，然而还没能做到仁（吾友张也，为难能也。然而未仁《论语·子张》）。"

子游和子夏之间也发生了不愉快。据《论语·子张》，子游说："子夏的门人，做些洒水扫地接待迎送的事还凑合，但这都是些细枝末节。学问的根本却丧失了，对此怎么办呢（子夏之门人小子，当洒扫、应对、进退，则可矣。抑末也，本之则无。如之何）？"子夏听到这话心里很不爽，回击道："咳！言游之言差矣。君子之道，那些细枝末节、容易传授的就先传授，那些为根本、难于传授的就懒得传授吗？就如同草木一样，是有区别的。君子之道，怎么可以污蔑歪曲呢？能有始有终的，大概只有圣人吧（噫！言游过矣！君子之道，孰先传焉？孰后倦焉？譬诸草木，区以别矣。君子之道，焉可诬也？有始有卒者，其惟圣人乎）！"两个人别苗头的火药味甚浓。

这种内耗对孔子思想的传承是很不利的。子贡则不跟师兄弟们争这个苗头，而是坚决消除社会上的杂音。当时社会上就有不少人认为，子贡比孔子的水平高，这搁子张，早把尾巴翘到天上了，可是子贡坚决维护老师的尊严和地位，没有丝毫的沾沾自喜。

据《论语·子张》，叔孙武叔诋毁孔子。子贡的反击非常漂亮，既有文采，又有力量："不要这样嘛！仲尼是诋毁不了的。其他人的贤德，如同小山丘，还可以越过去；仲尼，如同太阳和月亮，是无法超越的。即使有人想要自绝于太阳和月亮，对太阳和月亮又有什么伤害呢？只能说明这种人不自量力啊（无以为也，仲尼不可毁也。他人之贤者，丘陵也，犹可逾也；仲尼，日月也，无得而逾焉。人虽欲自绝，其何伤于日月乎？多见其不知量也）！"

三、把孔子推向圣坛

言语科的子贡和宰予是造圣运动的得力干将。纵观孔子学院的四科，贡献最大的是言语科的学生，最没有用的是德行科的学生。其实这种分法不见得合适，是根据他们的主要特点和兴趣做出来的，跟现在大学生选专业是两码事，宰予和子贡同时兼有政治才能，子贡的经商能力也很了得，可惜那时没有开设商学院。

那么，子贡和宰予为什么要把孔子推向圣坛？他们的动机是什么？

崇拜老师，热爱老师的理论，是孔子几个大弟子的共同特点。但是，热爱后，有什么反应，采取什么行动，各个学生则差别甚大。这可以把孔子的弟子分为三类。

第一类以颜回为代表，被老师的理论忽悠晕了，不知东南西北，自然也就找不着北了。孔子并没有意忽悠别人，颜回是自愿被忽悠的，或者说自己忽悠自己。《论语·子罕》对颜回陷入忽悠境界的症状有一段精彩的描写：

> 颜渊喟然叹曰："仰之弥高，钻之弥坚，瞻之在前，忽焉在后！夫子循循然善诱人，博我以文，约我以礼。欲罢不能。既竭吾才，如有所立卓尔。虽欲从之，末由也已！"（《论语·子罕》）

这是患了深度忽悠症。颜回是最好学的，也是最刻苦的，但是他悟出了什么了吗？除了自己陷入精神恍惚，似乎什么也没有。学到最后，颜回只好感叹道："老师的道，抬头仰望，越觉得它高大雄伟；努力钻研，越觉得它难以吃透；看着好像在前面，忽然又像在后面。老师循循善诱，用文化典籍来丰富我的知识，用礼节来约束我的行动。跟老师学习想停下来都不可能。我已经竭尽我的才力了，好像有一个非常高大的东西立在前面，虽然很想攀登上去，却没有途径。"颜回可以说是学进去了，但是没有走出来。他已经手足无措了，不知道该为他的老师和老师的理论做些什么。

然而，在子路看来，老师这么有智慧，理论这么博大，比那些酒囊饭袋的诸侯大夫们强多了，所以他做的是抬高老师的社会地位。据《论语·子罕》记载，孔子一次病重，子路派弟子去装作孔子的家臣，以准备后事。在那时，只有诸侯或者大夫死时才能有家臣负责治丧，在人死之前就开始准备工作。孔子此时没有官位，按礼仪不应该有家臣。但是子路却要安排门人充当孔子的家臣，准备以大夫之礼安葬孔子。孔子一生讲礼义，不做违背礼义的事，所以对子路的一片好意不仅一点儿不领情，反而把他臭骂了一通："很久了啊，仲由干这种欺骗人的事！没有家臣，却要装作有家臣，我欺骗谁呢？欺骗上天吗？况且，我与其在家臣的料理下死去，宁愿在弟子们料理下死去啊！而且，我即使不能以大夫之礼来隆重安葬，难道我就会死在道路上吗（久矣哉！由之行诈也，无臣而为有臣。吾谁欺？欺天乎？且予与其死于臣之手也，无宁死于二三子之手乎？且予纵不得大葬，予死于道路乎）？"读到这里，我不禁对孔子肃然起敬，他把自己看成一个平凡的人，也正是后人认为他伟大的原因。他不慕虚荣，与弟子情深意长。

子路也够冤的了，一片好意反招来一通臭骂，不过他受老师的挤兑多了，也许已经习惯了。子路对老师做的还只是面子活，想让老师体面，借以表达自己对老师的赤诚之爱。

然而，宰予和子贡的境界则大不一样。他们俩热爱孔子，是采用这种方式：思考老师的理论，丰富老师的理论，发展老师的理论。这些我在其他章里都作了详细的分析。宰予善于思考，发现老师的理论有矛盾，犯颜直谏，被老师误解，被骂成垃圾，但是他仍痴心不改。子贡则是对老师的理论理解得最全面、最深刻，而且也发挥得最好，以自己的言论丰富和发展了孔子的理论。子贡把孔子和他的理论看成上天、太阳和月亮，这可能是他的宣传策略，他很清醒，也很冷静。

《孟子》对造圣运动的三员大将的总评价是："宰我、子贡、有若，智足以知圣人，污不至阿其所好（《孟子·公孙丑上》）。"首先，你要有智慧，真正理解孔子的思想，明白它长在何处，短在何处，才能担当宣传孔子思想的使命。盲目崇拜是不行的。

子贡就是为了那句话，孔子临死之前给他说的那句话："天下无道久矣，莫能宗予（《史记·孔子世家》）。"天下无道，社会黑暗，这是老师的悔恨；遵从我的理论，改变这个世界，这是老师的遗愿。哭过，笑过，茫然过，就是为了那份期待。

要让天下遵从老师的理论，就必须把老师神话、圣化。否则，从诸侯国君到平民百姓，首先都会问子贡、宰予他们一个问题：孔子何许人也？我为何要听你的？如果都像锄草那位老农一样，那么看贬孔子："四体不勤，五谷不分，孰为夫子（《论语·微子》）"，连孔子的普通教员的身份都不承认，那么如何让他们信奉孔子的理论呢？不是很难，而是不可能。

要使造圣运动成功，一定要选择好广告词。言语科的高材生就是不一样，不负众望。曾子（有若）可以看作是言语科的候补高才生。

宰我曰："以予观于夫子，贤于尧舜远矣。"（《孟子·公孙丑上》）

子贡曰："见其礼而知其政，闻其乐而知其德。由百世

之后，等百世之王，莫之能违也。自生民以来，未有夫子也。"（《孟子·公孙丑上》）

有若曰："岂惟民哉！麒麟之于走兽，凤凰之于飞鸟，泰山之于丘垤，河海之于行潦，类也。圣人之于民，亦类也。出于其类，拔乎其萃。自生民以来，未有盛于孔子也。"（《孟子·公孙丑上》）

三个人的广告分工明确：宰予是拿历史悠久、质量最好的中华老字号"尧舜"来比，我们夫子的质量是最好的；子贡则是着眼于产品的性能，我们夫子，礼、乐、政、德全能，并利用名人效应，"百世之王"都认同我们的产品，就像现在电视广告中利用影星一样；有若则诉诸形象思维，利用麒麟和走兽，凤凰和飞鸟，泰山和丘垤，河海和行潦，这些极其鲜明的形象反差，衬托出孔子的伟大。这一点很巧妙，非常符合大众的思维习惯的，常人的思维常常借助形象，这比抽象的说教效果好多了。如果在今天，他们三个一定是出色的电视广告策划商。

这次造圣运动的成功，一定超出这三个人的想象："自生民以来，未有盛于孔子也"这句广告词，现在还回荡在每一个华夏儿女的心灵上。实际上，在世界各国人民的心目中，孔子都是中国首屈一指的思想家。比如普利策奖和自由勋章获得者、美国作家杜兰特，在撰写《历史上最伟大的思想》时，毫不犹豫地把孔子列为"人类第一个伟大的思想家"。柏拉图、亚里士多德、阿奎那、哥白尼、培根、牛顿、伏尔泰、康德、达尔文等都在其中。再好的产品也需要好的广告，孔子也必须货真价实。

后来汉武帝要采购一个思想工具，结果选择"独尊儒术"。这跟子贡它们的广告做得到位不无关系，他们的共同声

> 汉武帝要采购一个思想工具，结果选择"独尊儒术"。这跟子贡它们的广告做得到位不无关系，他们的共同声音就是："孔子思想，你的明智选择！"

音就是:"孔子思想,你的明智选择!"你想,再好的产品,你不打广告,别人不知道,怎么可能有客户?宰予、子贡对孔子思想的传播立下了第一功!

这次造圣运动的目的就是:让天下遵循夫子的理论,拯救天下的无道。孔子学院为何有这么多值得我们尊敬的老师和弟子,就是他们以天下为己任的献身精神和博爱的思想!

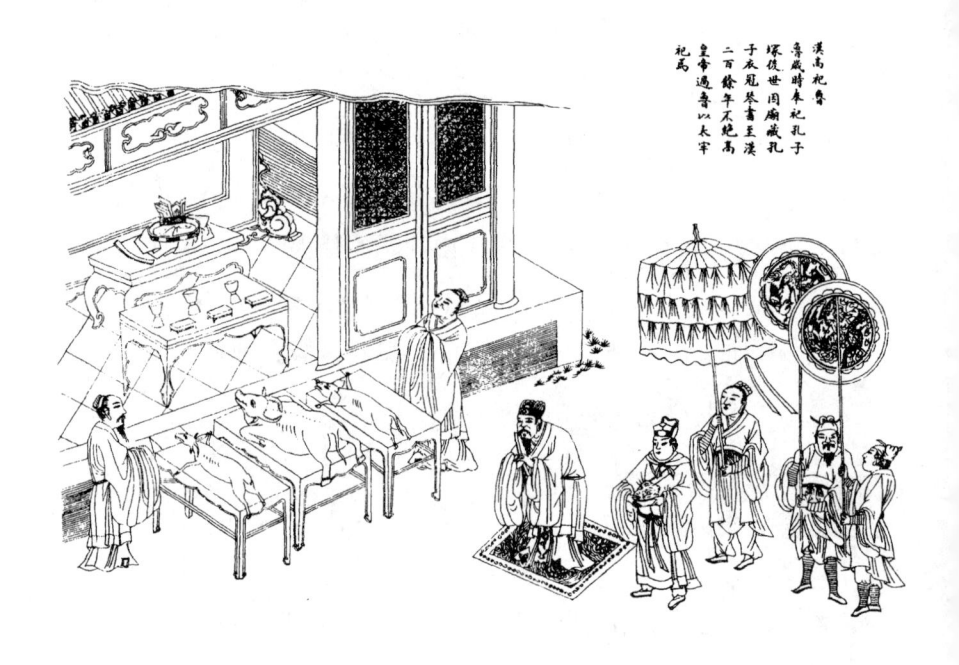

汉高祀鲁
尊儒时奉祀孔子
塚依世因庙咸孔
子衣冠琴書主汉
二百餘年不祀焉
皇帝過尊以太牢
祀焉

以贫为荣的原宪

孔子学院有两个苦孩子，一个叫颜回，一个叫原宪。颜回的苦，是孔子夸出来的；原宪的苦则是学孔子的理论学出来的。他们俩都是孔子的好学生。我们已有三章详细讲了颜回，本章集中谈原宪。

提起孔子的弟子，很少人能想到原宪，他的知名度比颜回可差远了。然而《论语》二十篇中，以弟子命名的只有五篇，原宪则为其中之一。第十四篇《宪问》的"宪"，就是指的原宪。

原宪，字子思，生卒年不详，是孔门后期的学生。

整部《论语》只记载了一次原宪"问耻"，就是问什么是羞耻。在所有的弟子中，也只有原宪一个人问这个问题。作为老师，听到学生问这样的问题，应该马上引起警觉：这孩子是不是发生了什么事，是不是受到了什么刺激？拿现在来比，一个班里的学生大都会问"什么是英雄"、"什么是模范"，从积极的角度问，假如一个学生问"什么是混账"、"什么是坏蛋"，这个学生很可能出了什么事。孔子学院的学生也一样，几乎全问的是积极的，比如问政，问仁，问德，问知，问士，问君子，有谁"问不仁"、"问小人"这类负面话题啦？没有。原宪接着问的话题仍然都是负面的：好胜、自夸、怨恨、贪婪（克、伐、怨、欲）。可怜的原宪一定是遇到什么刺激了，然而我们不得而知。下面是原宪与孔子的那段对话：

宪问耻。（原宪问什么是羞耻）

子曰："邦有道，谷；邦无道，谷，耻也。"（孔子说："国家有道，做官拿俸禄是正当的；国家无道，做官拿俸禄，就很可耻。"）

"克、伐、怨、欲不行焉，可以为仁矣？"（原宪又问："好胜、自夸、怨恨、贪婪，这些都不做，可以算得上仁吗？"）

子曰："可以为难矣，仁则吾不知也。"（孔子说："可以认为这是很难得的，至于算不算仁，我不知道。"）

知道了孔子对原宪的谆谆教诲，就可以正确解读孔子去世后原宪的一些反常行为。

孔子逝世以后，原宪就跑到低洼积水、野草丛生的地方隐居起来（孔子卒，原宪遂亡在草泽中《史记·仲尼弟子列传》）。原宪这是以自己的实际行动来表达对老师的敬仰和追思。老师不是说过，"可耻的事就是国家无道时期去做官拿俸禄"？现在的社会状况如何？老师死之前跟子贡说"天下无道久矣，莫能宗予（《史记·孔子世家》）"，这就是原宪隐居的真正原因，恪守老师的教诲，离开污浊的政治，避开无道的社会。

司马迁用了两个字来刻画原宪这一举措：一个是"亡"（遂亡在草泽中），一个是"匿"（匿於穷巷《史记·货殖列传》）。严格地说，原宪不是"跑到"而是"逃亡"，不是"隐居"而是"躲藏"。显然，在原宪看来，形势极其严峻，有一种非常可怕、甚至恐怖的事情在威胁着他，他必须采取适当的防卫措施。这个令人"恐怖"的事情就是当时无道的社会,夫子在时还可以维持,现在的情况就如同孔子临死之前所说的那样,泰山要崩塌了,大厦的栋梁要折断了,原宪以求生的本能,就像大地震前兆的青蛙离开自己的巢穴要迁移一样,要跑要躲。可怜的原宪啊,从小到大不知受过多少这样的惊吓!

与此同时,原宪住在贫瘠落后、人烟稀少的地方,自然可以做到向老师表白的那四点:他不对别人好胜、自夸、怨恨、贪婪,别人也别想对他这样,因为在这些"**人不堪其忧**"的地方见到一个人都不容易,自然这四种缺点即使有也没有多少机会去施展。所以一个人提什么问题,往往反映出他的内心世界,透露出他的志向。

原宪,一位孔子的赤胆忠心的好学生,我向你致以崇高的敬意!

因此,在原宪看来,所有在老师死后去从政拿俸禄的师兄弟,都没有真正听老师的话,都不是真正的好学生,说得严重些,都是些"无耻之徒"!那么,在原宪眼里,最坏的典型就是子贡,因为他做的官最大,先后做了鲁国和卫国的相,得到的俸禄自然也最高。显然,相对于子贡这些人来说,原宪具有道德上的优越感。

子贡在卫国做宰相时,有些忘乎所以,或者对这位师弟缺乏了解,偏偏撞在原宪的枪口上。据《史记·仲尼弟子列传》,一天,子贡带着大队的车马,浩浩荡荡,排开丛生的野草,来到偏远简陋破败的小屋,前去看望原宪(**子贡相卫,而结驷连骑,排藜藿入穷阎,过谢原宪**)。原宪穿着破旧的衣帽,来见子贡(**宪摄敝衣冠见子贡**)。这原宪也真是,这么一位体面的大师兄来了,也不自己捯饬捯饬,也许他根本没有东西去捯饬，也许是故意考验子贡的吧。

子贡见状替原宪感到羞耻，说："难道你有病吗？"（子贡耻之，曰："夫子岂病乎？"）

这下子贡可给了原宪一个难得的机会，发表一下他从夫子那里学来的"什么是羞耻"的高见。

原宪回答说："我听说，没有财产的叫做贫穷，学习了道理而不能施行的叫做病。像我这样，是贫穷，不是病啊。"（原宪曰："吾闻之，无财者谓之贫，学道而不能行者谓之病。若宪，贫也，非病也。"）原宪的话再明确不过了，"学道而不能行者"就是你子贡、冉有这帮人！牛什么牛！一帮无耻之徒！

结果，子贡惭愧难当，不高兴地离去了，一辈子都为这次说错了话感到羞耻（子贡惭，不怿而去，终身耻其言之过也《史记·仲尼弟子列传》）。子贡显然在道德上处于下风。他可能觉得真不值，也许本来看这位穷苦潦倒的师弟，也就是再一次享受一下成功的优越感，没想到会是这样的结局！

孔子说："贫而无怨难，富而无骄易（《论语·宪问》）。"老师认为难的事情，原宪做到了；老师认为容易的事情，子贡却没有做到。如果孔子在，一定会夸奖原宪，批评子贡的。

那么，是不是只有原宪听老师的话，子贡不听呢？问题并没有这么简单。跟原宪恰好相反，看看子贡提的问题，那气势、那野心显露无遗：

子贡曰："如有博施于民而能济众，何如？可谓仁乎？"子曰："何事于仁，必也圣乎！尧、舜其犹病诸！夫仁者，己欲立而立人，己欲达而达人。能近取譬，可谓仁之方也已。"（《论语·雍也》）

子贡说:"如果有一个人广泛地给人民施舍,周济大众,怎么样呢?可以说是仁人吗?"孔子说:"何止是仁人,那一定是圣人了!尧、舜尚且不容易做到这一点。至于仁么,自己想要有所建树,就要帮助别人;自己想要通达,也要帮助别人通达。能从旁边切近的事务中发现道理,可以说是实行仁的方法啊。"那么,要做到孔子说的这种"大仁",你就必须挣大钱,做大官。子贡后来经商、从政,不也是出于对孔子的一片赤胆忠心吗?并不是"不受命",不听话。孔子的思想博大精深,不同的学生从不同的侧面感悟它,就选择不同的人生道路去实践它。

原宪的道德优越感还来自他对老师思想的深刻领会。孔子把贫穷与道德挂钩,贫穷是一种品行,不论他谈好学,谈君子,谈士,还是谈仁,都要对贫穷表明立场。这也是孔子评判一个人的重要指标。

孔子谈"好学",首先着眼于他的饮食和居住条件,其次是言行,最后才是向有道者学习:

子曰:"君子食无求饱,居无求安,敏于事而慎于言,就有道而正焉,可谓好学也已。"(《论语·学而》)

孔子认为,君子应该"谋道不谋食","忧道不忧贫":

子曰:"君子谋道不谋食。耕也,馁在其中矣;学也,禄在其中矣。君子忧道不忧贫。"(《论语·卫灵公》)

孔子这里陷入逻辑混乱。他认为,"种田,未必不挨饿;学习知识则可以获得俸禄(耕也,馁在其中矣;学也,禄在其中矣)。"前半句确实是对的,因为灾荒,因为苛政,种田的人也可能挨饿。但是对绝大部分人来说,不种田则一定挨饿,都不种田,那些从政者拿什么俸禄?学习有可能做官拿俸禄,但是学习也有可能受穷。被孔子夸为最好学的颜回不就是最穷的吗？原宪也是一个好学加贫穷的典范。如果把话说得合理一点，孔子的话可以有两种改法：

耕也，食在其中矣；学也，禄在其中矣。

耕也，馁在其中矣；学也，贫在其中矣。

上面两句话比《论语》的原话，更符合现实情况，更有现实意义。

孔子既然提倡安贫乐道，那么就要端正对贫穷的态度，不能以贫穷为羞耻，也不能随便去摆脱贫穷的局面。

子曰："不仁者，不可以久处约，不可以长处乐。仁者安仁，知者利仁。"（《论语·里仁》）

子曰："士志于道，而耻恶衣恶食者，未足与议也。"（《论语·里仁》）

子曰："士而怀居，不足以为士矣！"（《论语·宪问》）

子曰："富与贵，是人之所欲也；不以其道得之，不处也。贫与贱，是人之所恶也；不以其道得之，不去也。"（《论语·里仁》）

孔子把贫穷上升为最高的道德问题，只有仁者才能长久安于贫困，而"不仁者，不可以久处约"。认为贫穷为羞耻的人，孔子甚至就不愿搭理他，因为说明他的志向不够远大。

孔子这里又说错了一句话，"富与贵"，很多人确实"不以其道得之"，因为这是人们欲望的，所以通过主观努力去得到它。然而，"贫与贱"，谁会想方设法去得到它呢？怎么也可以"不以其道得之"呢？能做到这一点，古今大概只有颜回和原宪这哥俩啦。准确地说，应该是"贫与贱，是人之所恶也；不以其道去之，不去也"。孔子也是一个人，有时为了表述的对称，说走了嘴，也是很自然的，后人不必为他曲意辩护。

在对待贫穷的态度上，孔子学院的学生也各不相同。

第一类是公西华、冉有、子贡这些人，该享受就享受一回，该潇洒就潇洒一把。老师的理论照样学，工作照样做，该怎么尊敬老师还怎么尊敬老师，然而决不亏待自己。在现在社会，他们都属于想得通的那类，是社会的贤达成功人士。你看公西华去一趟最近的邻国齐国，那谱摆得大呀，以至孔子说"赤之适齐也，乘肥马、衣轻裘（《论语·雍也》）"。

第二类是子路，他大大咧咧，不在乎贫呀富的，也不追求这些，以至于孔子夸他"穿着破旧的丝棉袍子，与穿着狐貉皮袍子的人在一起站着，而不觉得羞耻的人，大概只有仲由吧（衣敝缊袍，与衣狐貉者立，而不耻者，其由也与《论语·子罕》）！"但是子路对贫富只是不敏感，或者说是麻木，他并不排斥穿好衣服，他也知道穿好衣服的感觉爽。《荀子·子道》有这么一则有趣的记载，一次子路盛服见孔子，孔子说："现在你穿得这么漂亮，颜色这么华丽，天下的人谁还会劝谏你呢（今女衣服既盛，颜色充盈，天下且孰肯谏女矣）？"子路马上出去，把好衣服换掉了。孔子一涉及贫穷，说话就出逻辑问题，让人真看不出来穿好衣服与别人会不会规劝之间有什么必然的联系。

第三类就是颜回和原宪，他们把贫穷看作一种优良的品德，把安于贫穷看作是一种道德优势。所以他们选择贫穷，走向贫穷，固守贫穷，热爱贫穷。颜回也许是为了保持自己"好学"的光荣称号，不能让老师失望，所以才安贫乐道的。也就是说，颜回的安贫还有一种外在的限制和约束。然而原宪的安贫完全是心甘情愿的，发自内心的，是出自对老师的赤胆忠心。相比之下，原宪的安贫更加难能可贵，更能体现孔子的贫富观。

这个原宪穷，穷得有品位，穷得有骨气。换个角度说，原宪对于贫穷的酷爱已经到了令人难以置信的程度。请看这么一则记载：

原思为之宰，与之粟九百，辞。子曰："毋！以与尔邻里乡党乎！"（《论语·雍也》）

大概是因为原宪家境不好吧，孔子在学院内部给他安排了一个总管的位置，工资是小米九百斗，然而原宪是只工作，不拿工资。这连孔子都看不下去了，劝他："不要这样！把这些粮食送给你家乡的父老乡亲们去吧。"原宪一门心思搞贫穷，连慈善事业都忘了。

原宪是孔子真正的好学生！孔子没有夸过他，我就模仿孔子夸颜回的方式，夸一夸子思（原宪）：

贤哉，思也！处草泽，衣敝袍，赐以为耻，思以为荣。贤哉，思也！

子贡嫌原宪穷，说风凉话，原宪理直气壮，颇不以为然；而原宪讥讽子贡"学道而不能行者谓之病"，子贡感到说错了话而终身感到羞耻。谁行了夫子的道，谁没有，孰是孰非，这些问题很值得我们去深思。

司马迁在《史记·货殖列传》中，把孔子最富有的学生子贡和最贫穷的学生原宪放在一起对比。原宪的一切生活、生活的一切都在这八个字中"不厌糟糠，匿于穷巷"，而子贡则是到卫国做官，又利用卖贵买贱的方法在曹国和鲁国之间经商，乘坐四马并辔齐头牵引的车子，携带束帛厚礼去访问、馈赠诸侯，所到之处，"国君无不分庭与之抗礼"。司马迁这样评价道："夫使孔子名布扬于天下者，子贡先后之也"。司马迁这一对比的深意，不知后世有多少儒生明白？

然而，贫穷与道德的关系，也是儒家文化遗产中不可分割的一部分，是否值得我们今天认真反思？

夫子篇

夫子误中美人计
"美丽"的错误
孔子论女性美
孔子出走之谜一：对女性的态度
孔子出走之谜二：军事禁区
孔子出走之谜三：政见不合
孔子出走之谜四：慎言误事
可怕的"有教无类"
《论语》也有毒
孔子也记仇
孔子也世故
非常师生
音乐传情
隐士为何骂孔子
孔子为何敬隐士
孔子生命的最后五年

夫子误中美人计

在儒家的经典著作《论语》中，孔子说过一句很有争议的话，"唯女子与小人为难养也（《论语·阳货》）"。由于孔子把"女子"与"小人"看成一类人，似乎很不尊重女性，所以遭到了后世许多人的批评。那么，孔子为什么会如此歧视女性，这与他的生活经历有没有某种联系呢？在《论语》和《史记》中，我们发现，孔子在女人面前屡屡吃亏，甚至到了方寸大乱，不知所措的地步，这究竟是为什么呢？

后人对孔子的整体印象，当今文化超男易中天作了一个很好的概括："然而孔子的问题也不少。同样众所周知的是，孔子生前并不得志。他东奔西走，四处碰壁；栖栖惶惶，一无所获；哀哀如失群之燕，累累若丧家之狗。这就让人们起疑：孔子和他的思想，真有那么伟大吗？如果真有那么伟大，为什么落得如此下场？"（《先秦诸子百家争鸣》）

这是千百年来我们对孔子的最大误解之一。其实，孔子生前是有得志的时候的。导致他后来"累累若丧家之狗"的生活，不是他的政治思想有问题，而是他误中了齐国的美人计。

在《孙子兵法》中，美人计是三十六计中非常独特的一计，这一计策的主要手段是用美色诱惑敌方主帅，从而达到不战而胜的目的。我们都知道，孔子是一个谨守道德的大圣人，他怎么会中齐国设下的美人计呢？然而出乎意料的是，孔子的确中计了，而且中得十分冤枉。

根据司马迁《史记·孔子世家》，导致孔子后来颠沛流离生活的直接原因，是他误中了齐国的美人计。拿古今中外的美人计来比较，孔老夫子这次中计的方式很奇特：

季桓子享受美色，孔老夫子中计。

大凡中美人计者，享受美色和中计，是在一人身上。这个中计者，往往遭到不可估量的损失，甚至灭顶之灾。然而在普通人看来，好歹他还享受了一把美色，还有令人羡慕之处。我们夫子这次美人计中得真是不值，除了损失，还是损失，丧失了一生中唯一的一次、也是最好的一次实践自己政治理论的机会。

鲁定公十四年（公元前496年），功夫不负有心人，孔子苦苦追求了多年的理想终于实现了，他五十四岁那年由大司寇理国相职务。他按捺不住内心的喜悦，喜形于色，得意忘形，以至他的弟子都看不过去了，说"听说君子遇到大福也不喜形于色（福至不喜《史记·孔子世家》）"。说得老师都不好意思了，只好拿话来搪塞，"我是说过这句话，不是还有'乐在身居高位而礼贤下士'吗？"其实孔子哪是乐这个呀！他三十五岁时到齐国求官，被人婉拒。他当官的欲望并没有由此而减低，以至鲁国的叛臣公山不狃让人招孔子，孔子就不管什么大是大非，想去上任。不是子路力阻，夫子可能就"失足"了，成为历史的污点，他在后世中的伟大形象不要说会受损，可能圣坛就很难被推上去。

孔子的政治理想也许是复古的，但是他的政治治理才能是得到实践证明的。他能在那个时代创办学校，一人身兼教授、

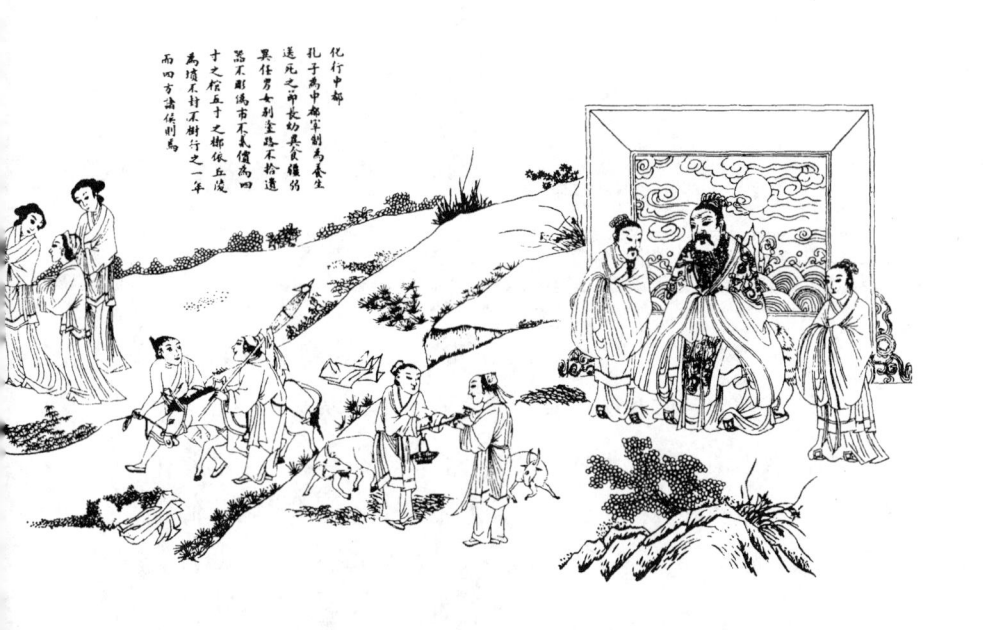

校长和教育部长之职，规模之大，影响之深远，历史上罕有其比，这足以证明孔子的管理才能。

孔子是很有政治才能的。鲁定公先任命孔子为中都宰，一年就初见成效，治理得井然有序，其他诸侯国都来仿效（四方皆则之）。孔子政绩突出，又被升为大司寇理国相职务。孔子参与国政三个月，贩卖猪、羊的商人就不再敢漫天要价，开始讲究诚信啦；男女也就文明起来，道路上就分开走路；路不拾遗，丢东西的人想起来把东西落在哪里，抽空再把它捡回来；中原大地上出现了一个礼仪之邦，各地的人们来到鲁国的城市，办事用不着走后门，不必向官员求情送礼，都能得到一视同仁的对待，就像回到自己家一样（与闻国政三月，粥羔豚者弗饰贾；男女行者别于涂；涂不拾遗；四方之客至乎邑者不求有司，皆予之以归《史记·孔子世家》）。

一个国家要富强，必须要有长久持续发展的基础，这个就是精神文明建设。只有国民素质提高了，社会才能变得有秩序，经济才能健康发展。孔子执政才三个月，就效果明显：

第一、商人讲究诚信；

第二、讲究道德，尊重妇女；

第三、杜绝贪污腐败。

这正是当今发达社会的一些特征。如果商人没有诚信，靠巧取豪夺，牟取暴利，个别人以不义之财而暴富，老百姓受害，最终也会给整个国家经济带来灾难，国家也很难繁荣富强。西方的一些经久不衰的大企业无不是以诚信为本。而我们办什么事情，往往形成了这么一种思维定式，就是好像凡事都要找关系，开后门，没有关系办不成事，即使是官员们自己的职责，你不请客送礼也免谈。这既是某些地方的实情，又是很多人的一种集体无意识。如果这种现象普遍化，那么这样的社会，工作效率能高吗？滋长了贪污腐败，造成社会财力、物力极大浪费，还导致人们精神上的扭曲。

在孔子治理下的鲁国，正朝着富强的道路上发展。这么一来，齐国害怕了，马上觉察出，孔子执政下去，一定会富强，将来首先吞掉的是我们这个老邻居。因此，齐国就有人建议"先送一些土地给鲁国"。一个叫黎鉏的则向齐国国君出了一个成本最低的计策，美人计，"先尝试阻止他们，如果不成，再送土地不迟（请先尝沮之；沮之而不可则致地，庸迟乎《史记·孔子世家》）"。在这个问题上，《史记》的作者司马迁没有交代得很清楚，大概是齐国要用土地来作交换，让鲁国国君罢免孔子的官职。否则，齐国无条件赠送土地给鲁国，不是加速了鲁国的强大，结果只能是事与愿违吗？

中国历史上最漂亮的、最独特、也是影响最深远的美人计，就是这位很少人知晓的黎鉏设计出来的。说它漂亮，是以最小的代价，阻止了鲁国强盛，消除了齐国的外患。说它独特，不是把美女送给当事人孔子，而是送给他的上司和同事，破坏孔子的工作环境，把他气走。这是黎钼对孔子人性深刻研究之后，所做出的精明之举。黎钼也清楚孔子对女人的态度，孔子是把女人和小人一样对待的，直接把美女送给孔子，不会有效果的，反而会碰一鼻子灰，因为孔子不会吃这一套。黎钼的精明还在他算准了孔子的一个弱点，他既讲究道德，遇到非道德的事情，不是犯颜直谏，而是一走了之。结果，"子行"二字在《孔子世家》中出现得太多，太多。说他影响深远，这次事件改变了孔子的人生，给我们造就了一个圣人。如果孔子继续在鲁国执政，也就是中国历史上多了一个小诸侯国的成功的政治家，孔子也就没有了十四年颠沛流离的生活，没有这些磨难，他的思想也就不可能那么深刻丰富，更没有闲暇时间去编《春秋》，修订《诗》、《书》、《礼》、《乐》等。

一句话，黎钼的这次美人计，让鲁国少了一位成功的政治家，造就了影响最大的文化巨匠。

于是，齐国选了八十位花容月貌、穿着华美的衣服、能歌善舞的女子，外加一百二十匹装饰美丽的骏马，一起送给鲁君。这些礼物先安置在鲁城南面。手掌大权的季桓子微服私访，穿着便服前去观看再三，心里直痒痒，但是先得拉老板下水，自己才能得手。这样，季桓子鼓动鲁君，让他以到周边考察工作的名义，也去欣赏欣赏齐国的美女。鲁君就更过了，整整在那里看了一天，最后干脆长期泡在那里，不理政事。最后，君臣二人一合计，干脆照单全收，把这帮歌伎养在自己家里，观赏起来不就更方便了？哪需要找那么多借口？多累呀！

子路先忍不下去了，说"老师，我们不能再待在这儿了"。起先，孔子还有些犹豫，"鲁国现在就要在郊外祭祀，如果还能按照礼仪把烤肉分给大夫，那么我们还可以留下不走。"可是季桓子接受了齐国的美女，比"从此君王不早朝"

更过分，干脆就不上朝。在郊外祭祀，烤肉自家独吞，也没有分给大夫。这里有个更深层的原因，季桓子怎么处理这些本来应该分给大夫们的烤肉，很可能是献给那些歌伎们了。

结果，孔子一刻也不能忍耐，连夜离开了自己的父母之国，当天就在屯地住宿过夜（孔子遂行，宿乎屯）。鲁国的乐师师己来为孔子送行，说"先生您是没有过错的"。师己是在劝说孔子，错又不在你这里，何必要自己离开呢？具有诗人素质的孔子，唱了一首歌，表达此时此刻他出走的原因：

彼妇之口，可以出走；彼妇之谒，可以死败。盖优哉游哉，维以卒岁！

意思是说，那些妇人的嘴，让贤人远离；接近那些妇人，可以导致国破家亡，身败名裂；我从此开始了游离的生活，终其一生。师己把这话告诉给了季桓子，桓子长叹一声，"先生这是怪罪我呀！"

在齐国的美人计面前，孔子就这样一走了之了。从这件事情我们可以看出，大凡精神有洁癖的人，往往会太在意自己的道德操守而置大局于不顾。孔子的出走，致使鲁国的改革事业中途夭折，他一生中最巅峰的政治生涯也随之中断。那么这件事暴露出孔子性格上哪些严重问题呢？难道除了出走，他就没有别的办法了吗？

孔子这次所为，是有可以称道之处，不仅自己道德高尚，而且不能容忍周围的人做不道德的事情。但是，更多的是值得我们反思：

第一、可以劝阻季桓子，申明利害，不行再走不迟。从季桓子听到师己转述孔子的诗歌的反应来看，季桓子并不是一个执迷不悟之人，孔子如果力劝的话，还是有可能挽回局面的。季桓子很有反省精神的，他临死之前感叹道："鲁国过去差一点儿就富强起来，我气走了孔子，所以失去了这次机会（昔此国几兴矣，以吾获罪于孔子，故不兴也）。"他还叮嘱他的儿子季康子说，"我死之后，你会担任国相，那时一定把仲尼召回来。"可见，季桓子也不是一个不可救药，一坏到底的一个人，还有他的可敬可爱之处。

第二、即使季桓子一意孤行，然而为国家大计、为苍生着想，孔子正可以留下担当大任。孔子的伟大之处，在于他是为了他的道德理想而活着的人，但是他的弱点也在此，黎鉏正是琢磨透了孔子的这个弱点而设的计策。

第三、孔子也不够有智谋，也不想一想，好端端的，齐国为什么送这些礼物来？背后有没有什么政治阴谋？它是不是一个计策？孔子如果能在演习周朝的礼乐之余，学一点兵法，便知道美人计就是三十六计之一。《论语》有这么一则记载：

卫灵公问陈于孔子。孔子对曰："俎豆之事，则尝闻之矣；军旅之事，未之学也。"明日遂行。

《论语》的记载很简略，好像孔子是反对卫灵公喜欢打仗而走的。《史记·孔子世家》记录得很详细，卫灵公由此对孔子的兴趣大减，第二天跟孔子说话时，脸朝着天上飞的大雁，这样孔子觉得伤了自尊才走的。

你既然要从政，那么军事知识应该是必修课之一。只有学习军事思想，才能有效地制止战争。很多军事思想是人生智慧的精华，我们的圣人缺乏它，不能不说是他知识结构的一个缺陷。

孔子这次美人计中得要说多严重，就有多严重，他失去了一生中实现自己职业追求和政治理想的最好的机会，以后再也没有这样好的事了，开始了他长达十四年的累累若丧家之犬的生涯。当时，孔子也许很自信，凭他的才能，何国不用，哪里不能实现自己的政治抱负？但是"外边的世界很精彩，外边的世界很无奈"。孔子虽然说"君子固穷"，但是我们相信，丧家狗的生活一定不是他的初衷。

黎钜为什么算得这么准，关键在他摸清了夫子的性格弱点。孔子对女性的态度可以用两句话来概括：过于敏感，过于反感。今天的男士在嘴边长挂着的一个话题，《论语》那里几乎不见，只留下了一句刻薄的话"唯女子与小人为难养也，近之则不孙，远之则怨（《论语·阳货》）"。其实，这里不是正需要夫子所提倡的中庸之道吗？何必近得让人家觉得有些性骚扰，又何必远得你跟人家有仇似的。可见，孔子拙于与女性打交道。跟孔子最近的几个女性，母亲、妻子、女儿，孔子都没有给我们留下任何关于她们的片言只语。我推测，孔子在女性问题上是很受伤的。

在这次中美人计之前发生过什么事，没有记载。但是孔子对别人在男女关系上的反应几乎是有规律的。在周游列国中，对孔子最好的国君就是卫灵公。孔子刚到卫国，卫灵公就问"你在鲁国是什么工资待遇，就享受什么待遇（卫灵公问孔子："居鲁得禄几何？"对曰："奉粟六万。"卫人亦致粟六万《史记·孔子世家》）。"那时候是以粮食作为工资的。可是有一次卫灵公与自己的美姬南子乘坐马车招摇过市，孔子座驾随后，他就觉得丢不起这个人，随后就离开了卫国，嘴里边还嘟囔了一句名言"吾未见好德如好色者也（《论语·子罕》）"。其实卫灵公偕夫人过市，就好比某国元首偕夫人乘专机访问北京一样，再平常不过了，"好色乃人性也"。

读司马迁的《孔子世家》，最常见的几个字是"子遂行"，令人感到酸楚。后人普遍认为，孔子到处碰壁是他的理论不合时宜，其实这话只对了一小半。孔子"行"的方式有两种，一种是主动离开，一种是被动离开。

孔子一生有两次"主动离开"，全是因为别人的男女关系问题。一次就是季桓子接受齐国的歌伎，另一次就是卫灵公携夫人招摇过市。

孔子一生也有两次"被动离开"，这才是因为他提倡复古，政治主张不合时宜造成的。一次是他三十五岁到齐国求官，齐景公想把尼溪这个地方封给孔子，被晏婴劝阻；另一次则是他在周游列国时，楚昭王将以书社地七百里封给孔子，被子西劝阻。详细情况我们以后还会谈到。孔子离开还有其他原因，我们将专章讨论。

《论语·微子》对孔子中美人计也有简略的记载：齐人归女乐，季桓子受之，三日不朝。孔子行。但是无头无尾，让人看不清楚这件事的性质。

孔子不能正确理解女性问题，也处理不好跟女人的关系，还有其他种种表现。我们下面分几章分开来谈。

"美丽"的错误

现在中国已经进入"美女"时代,"美女"已经成为一个女性的代名词了。姜昆2009年春晚的相声讲,30年前你说某个女性"性感",一定会得到一句"呸!你这个臭不要脸的!"现在,你叫一声"美女",满大街的女士都回头,以为你叫她们呢。一个人胆敢站出来说"长得漂亮就是一种错误",天下的男子都会认为,这个人一定不正常。说这话的人,没有人出来揍他,算是他的幸运!

然而,我们的夫子,却多次发表类似的言论。短短一万多字的《论语》,有三处孔子对"令色"的批评:

子曰:"巧言令色,鲜矣仁。"(《论语·学而》)

子曰:"巧言令色,鲜矣仁。"(《论语·阳货》)

子曰:"巧言、令色、足恭,左丘明耻之,丘亦耻之。"(《论语·公冶长》)

《学而》是《论语》的第一章,上面一句话又是该章的第4句。孔门弟子在编订老师的言论时,一模一样的话出现两次,类似的话又出现多次。可以推断,这是孔子经常挂在嘴边的话,天天讲,月月讲,给弟子留下的印象太深刻了,才会出现上面重出的情况。

孔子反感两类人,一是善于言辞的,二是长得好看的。

子贡、宰予、冉有等，都是言语科的优秀生，孔子则经常折辱他们，我们在其他章节已分别详细讨论。这里只谈"令色"。

很多学者都把《论语》中的"令色"解释成"满脸装着使人喜欢的面色"、"谄媚的样子"。"装着"、"谄媚"都是负面的字眼，当然人们会认为孔子批评得有道理。千百年来，后人注释《论语》，都有一种为圣人讳的倾向，以为夫子说的话，还能没有道理？其实，"令"本身并没有这些消极的含义，它在先秦都是一个积极形容词，作"美好"讲，比如《诗经·大雅》"**令闻令望**"，今天称对方的父母为"令尊"、"令堂"，对方的女儿为"令爱"，儿子为"令郎"。

"色"则是强调视觉方面的观感。那么，美好的观感，既包括天生的长相，也包括态度。其实，我们都有这样的体验，通常只有心灵美和外在美结合得好的，才能给人以真正美好的观感。那些假的、装出来的样子，特别是一副谄媚的样子，给人往往是憎恶的感觉。大家都看过电视里的狗腿子、太监，他们见主人，都是满脸堆笑，给谁留下了美好的观感啦？当然，这里的"色"应该是中性的，男女都包括，但是"色"通常指的是女性。

孔子厌恶女性，既表现在言论上，又体现在行动上。

孔子把女人与小人归为一类，他那句名言："**唯女子与小人为难养也，近之则不孙，远之则怨**（《论语·阳货》）。"按照夫子的逻辑，女子中色美者，就等于小人中的小人。这是整部《论语》唯一一句关于女子的言论，那么地刻薄，今天还有不少情场挫折的男子把它作为攻击女性的理论根据。这句话还透露了一个重要讯息，夫子拙于跟女人打交道，在情感上可能受过伤。你干嘛离人家那么近，让人家不自在，甚至觉得有些性骚扰；又干嘛离人家那么远，叫对方觉得你跟人家有仇似的，招致人家不高兴。这不正是夫子您提倡的中庸之道派上用场的地方吗？

说面容美好就是一种错误，这让我想到赵本山和范伟的一个小品，里边赵本山演一个农民老大爷，范伟演县长的司机。赵本山说范伟，"腆着你那腐败的肚子，你长得都违规啦！"农民老大爷看不惯这些上面人的大肚子，是有几分道理的：第一，这个肚子不是天生的，是吃出来的；第二，吃出这么一个大肚子，往往是吃请太多，那得浪费掉多少老百姓的血汗钱；第三，也不美观。然而，人的面容美好，是天生的，而且并不一定就邪恶，更重要的是，起码还可以给人以审美感受。

孔子对女性的刻薄评价，透露他的女人缘不佳。为什么如此呢？我推测有以下几点：

第一，孔子天生畸形。根据《史记·孔子世家》，孔子天生"圩顶"，就是脑袋中间凹，四周高，就像崎岖不平的丘陵地带，故名曰"丘"。下雨不打伞，脑袋上还会存水。

第二，孔子的五官、肢体各部位都长得很有特色，但是否配合得和谐还是个疑问。子贡与孔子在郑国走散，向郑国人询问见没见他的老师，郑国人告诉他："东门外有个人，额头像尧，脖子像皋陶，肩膀类似子产，腰以下部位比大禹矮了三寸。像个丧家狗那样狼狈（东门有人，其颡似尧，其项类皋陶，其肩类子产，然自要以下不及禹三寸。累累若丧家之狗《史记·孔子世家》）。"子贡把这话一五一十地告诉了老师，孔子欣然笑道："形状描写可能不那么到位，但是说我像丧家狗，太对啦，太对啦。"孔子还是个上身长，下身短的人。孔子并不像后世画家所画那样，具有仙人气质。他来到匡这个地方，因为长得像鲁国的一个叫阳虎的人，又因为阳虎曾经残害过匡地，匡人把孔子一行围困了几天，不让他走。根据史书记载，阳虎是鲁国的一个叛臣，还欺凌别国人民。所以，我们如果能够想象阳虎是个什么样的人，孔子应该有几分跟他相似。

第三，孔子虽然具有超人的洞察力，但是他木讷，寡言少语。孔子也明确主张，君子应该"敏于事而慎于言（《论语·学而》）"，而大部分女性喜欢的都是相反的人，嘴巴上要甜，然而办事能力不一定能行。不是说男人不坏，女人不爱嘛！没有几个女性是喜欢道德先生的。

态度决定命运。孔子对女性的态度，或者偏见，深深地影响了他的一生。他不能宽容地看待男女之事，认为女人是小人，是祸水，不仅自己不沾惹，也不能容忍自己的同事或者上级沉湎女色。上讲谈到的孔子误中美人计，离开鲁国，失去了他一生中最好的实践自己政治抱负的机会。那么，他在周游列国时，在女性问题上又犯了同样的错误，又失去了在各诸侯国中待遇最优越的机会，接下来就是每况愈下。

这就是在卫国见卫灵公的美夫人南子这件事。

南子是当时的国际知名美女。这个人有些像后世的武则天，对政治颇有兴趣。由于卫灵公宠爱她，卫国的实权几乎在她手上。南子夫人求知欲很强，对有才有德的贤人，如蘧伯玉等十分尊敬，总想多向他们请益。由于对女人干政有偏见，同时，由于她不拘小节，接触的男子很多，所以传说她名声不好。她曾数度邀请孔子，孔子都拒绝了。最后她以礼相邀，孔子还是去见了她。南子见孔子这件事上，有很多有趣之处。

首先，孔子在卫国工作，南子是他大老板的夫人，主动让人传话，"寡小君"想见你一下，主要还是谈工作上的事，孔子的第一个反应是拒绝不见。于情于礼，都说不过去，更不要说可能会对自己在卫国的工作有影响。孔子曾经夸过"君子哉蘧伯玉（《论语·卫灵公》）"，而蘧伯玉还很敬重南子，南子常接见这些贤人，因此南子提出想见见孔子，也不是什么大新闻，更没有发展暧昧关系的目的。孔子的第一反应可以看出他对女性的畏惧心理。

其次，孔子见南子，是自己先作了一番思想斗争，并没有事先征求他的"监督员"子路的意见。先斩后奏，回来以后才向子路汇报，"我原来决定不见她，按照礼仪去见了她（吾乡为弗见，见之礼答焉《史记·孔子世家》）。"这与鲁国的叛臣公山不狃召孔子去做官不一样，孔子事先跟子路商量，子路力阻，孔子避免了一次失足的机会。孔子自己心里清楚，见南子这件事，如果事先让子路知道，肯定去不成。孔子不按照惯例，事先征求子路的意见，说明孔子内心深处，还是想见一见这位绝色美女政客。

孔子是去见了南子，那么他目睹了南子的风韵了吗？很可能没有。司马迁是这样记载的，南子夫人坐在葛布做的帷帐中等待。孔子一进门就面朝北叩头行礼，连看都没有看到南子在哪儿，朝着南子的绣帐的大致方向就拜（孔子入门，北面稽首《史记·孔子世家》）。夫子的紧张、害羞、不能自已跃然纸上。南子夫人肯定看见了孔子，及时还了礼，在帷帐中拜了两拜。司马迁只描写了夫子的听觉感受，只听到南子披戴的环佩玉器首饰发出了叮当撞击的清响（环佩玉声璆然）。如果孔子也看到了，司马迁应该首先着墨于夫子的视觉感受，因为男性对女性第一观感，也是最主要的，是在视觉感受。

在女人缘上，孔子要多窝囊，就有多窝囊。在鲁国，季桓子享受美色，孔子中计，失去了一生中最好的工作机会。在卫国，连南子的风韵都没敢欣赏一眼，回来还像犯了错误的小学生一样，主动向子路承认错误。而且，对孔子的检讨，子路还不满意，仍然"不说（悦）"。

孔子一急，就发誓："予所否者，天厌之！天厌之（《论语·雍也》）！"第一句，《史记·孔子世家》的记载略有出入，为"予所不者"。《论语》的话应该更可靠些，但是不管怎么说，孔子这句话都没有说完全，结果导致后世各种各样的解读。"否"在那时是作为"不是这样"讲的，比如"否，非若是也（《战国策·魏策四》）"。根据当时的情景，孔子这句话的完整意思应该是"我所说的不是这样的话"，那么天打五雷轰。子路为什么怀疑老师没有把实话全说出来呢？因为平时老师做这些事情，都要先征求他的意见，可是这次老师打破了常规，没跟他商量就去了。因此，子路有理由相信，孔子也有自己想去见南子的因素。按照常理，谁不想去见南子这样的人呢？既可养眼，又给自己营造了良好的工作环境，何乐而不为！

当今有些学者认为，孔子是圣人，高高在上，怎么会向学生承认错误，更不会对弟子发誓（矢）！因此拼命把"矢"解释成别的意思。我在第一章专门谈子路实际上是孔子的"监督员"。比如，两次叛臣召孔子去做官，孔子都跃跃欲试，都是子路力阻，孔子最后还是没有去。还有一次，子路问孔子："卫君请你去做官，你将先从哪着手？"孔子说，"必也正名乎！"子路马上反应道："有是哉，子之迂也！奚其正（《论语·子路》）？"子路意思是说，您老夫子竟迂腐到这步田地！孔子是怕子路的，特别是子路说话直，得理不让人。

今天，不管是在东西方，拜望政治家的夫人，这是再正常不过的事情了，孔子和弟子却看得那么严重，最后甚至辞职不干。根据当时的情况，就不难理解。孔子带着一帮弟子周游列国，实际上，孔子是一个方丈，管理的是一个和尚兵团。既然"食、色者，性也"，"食"的问题好解决，第二个问题如何解决呢？这使得我想起电视剧《新白娘子传奇》中，老和尚教导小和尚，"所有的女人是老虎"，不能接近。差别只在于，孔子说的是"所有的女人是小人"，人不是要远小人，近君子吗？孔子与方丈的目的都一样。孔子也不愿意看到，自己给各诸侯国培养倒插门的女婿，弟子都想高老庄倒插门，所以他必须采取一些措施。孔子就像唐僧取经一样，他们为了追求人生的最高境界，实现自己的理想，是要压制、甚至牺牲常人的乐趣的。至此，我们不仅可以理解孔子关于女人那句刻薄的话，而且还对孔子一行为了自己的理想的牺牲精神表示深深的敬意！

那么，子路对孔子见南子这件事很生气，是有道理的。老师，您不是教导我们，要远小人，您怎么会去见一个小人呢？绝色的南子，就是极品小人，更不应该去见。

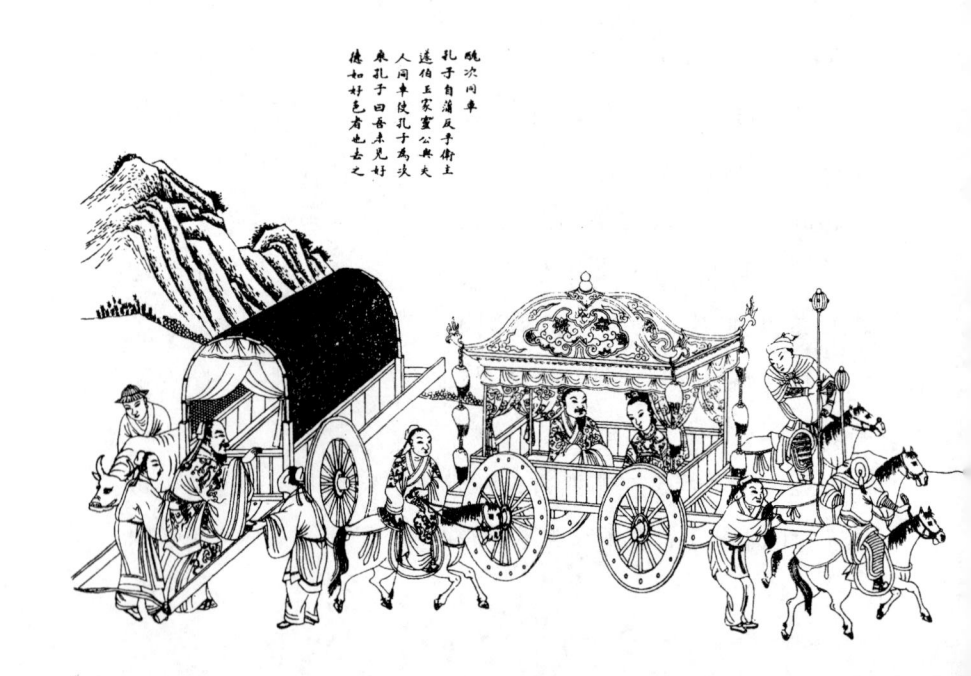

孔子见南子这件事不了了之。过了一个多月，卫灵公与南子同车，招摇过市，让孔子座驾随后。这实际上就是把孔子看作贵宾，大大提升孔子在卫国的地位和形象。在今天看来，相当于法国总统萨科齐夫妇设宴招待一个外国人，那是何等的荣耀！然而孔子"丑之"，是可忍，孰不可忍，发表了一句名言"吾未见好德如好色者也"。于是乎，孔子又"行"，离开了卫国。

《论语·卫灵公》只有一句："已矣乎！吾未见好德如好色者也。"《史记·孔子世家》还详细给出了语境。所以要准确理解《论语》，必须跟《史记》等相关史料参照着读。

又是因为老板在男女问题上的事情，孔子又辞去了一生中第二个最好的工作岗位。在周游列国中，待孔子最好的国君就是卫灵公，刚到卫国，卫灵公就问"你在鲁国是什么工资待遇，就享受什么待遇（卫灵公问孔子："居鲁得禄几何？"对曰："奉粟六万。"卫人亦致粟六万《史记·孔子世家》）。"那时候是以粮食作为工资的。尔后就每况愈下。第一站到宋国，连块锻炼身体的地方人家都不给。孔子带一帮弟子在大树下练习周朝的礼节，宋国掌管军事的司马桓魋不仅把树都砍了，还想杀他们。弟子们催老师赶快走，孔子还自我安慰道："上天给了我道德，桓魋能把我怎么样（天生德于予，桓魋其如予何《论语·述而》）！"此时的孔子，特别是他那帮弟子，该如何想呢？

孔子来到其他诸侯国，再也没有卫国的优厚工资待遇，更没有那种温暖的工作环境，他很怀念在卫国的美好时光。后来，孔子在陈住了三年，那里一年到头战事频仍，孔子一行只好离开。经过蒲这个地方，蒲人先把孔子一行拘禁起来，后来讲一个条件，只要你们不到卫国去，就放了你们。孔子跟他们订立了不去卫国的盟约，但是扭过头来，就直奔卫国。子贡问老师，"怎么可以违背盟约呢？"孔子则自我辩解，"在要挟下订立的盟约，神都不会执行（要盟也，神不听《史记·孔子世家》）。"孔子宁可违背刚刚与人订立的盟约，也要返回卫国，可见卫国对孔子的吸引力之大！那么这个吸引力，是卫灵公给他优厚的工资待遇呢，还是南子为他营造的良好的工作环境？也许兼而有之。

孔子对于男士长相俊美，也颇有微词。而且也很有规律，总是把善于言辞和长相好的放在一起来批评。请看《论语·雍也》的一段话：

子曰："不有祝鮀之佞，而有宋朝之美，难乎免于今之世矣！"（孔子说："如果没有祝鮀的伶牙俐齿，没有宋朝的俊美容貌，是难在当今之世免遭灾祸的。"）

祝鮀这个人擅长外交辞令，能言善辩。宋朝为宋国的公子朝，貌美而多次闹出绯闻，惹出祸乱。善于言辞和天生丽质，这两类人确实在哪个社会中都占便宜，具有比常人更多的机会，其中也包括犯错误的机会。孔子的这则言论可以从一个侧面印证"巧言令色"的真正含义是什么，这个"色"字既包括女色，也包括男色。

孔子对待女性的态度，特别是他过激的行为，是儒家文化遗产有机的一部分，深深影响着后世。远看，《水浒传》中的英雄，都是不近女色，也是戕害妇女的好汉。近看，"文革"时的样板戏，每一个男的都是单身，自然，每一个女的也是单身。这也造成东西方文化作品上的差别。好莱坞的大片，几乎都是一个套路，英雄一定加美女，最后一个镜头往往是男女主人翁的嘴唇接近，再接近……最后突然出现剧终字样。

态度决定命运。这话用到孔子身上，再合适不过了。如果孔子对待自己的上司处理男女之事上，持一种更加宽容的态度，那么他的命运将会完全不同。

那么，孔子自己对女性美完全无动于衷吗？也不是的。夫子也是个性情中人，也很懂个中的奥秘。请看下一章《孔子论女性美》。

孔子论女性美

> 把空间距离作为一种拒绝的因素，那算不上真正的爱情！

男女情感，是古今中外一个永恒的话题。孔子这位哲人，难道就没一些高见吗？有的。但是，十分遗憾，对夫子这方面的言论，后人要么视而不见，要么曲解成别的东西。

孔子对女性的态度，也有两面性。作为一个具有远大理想的政治家，他要谨防沉湎于女色而丧失斗志；但是作为一个具有高超智慧的男性，他对女性有自己深刻而独到的见解。

夫子也是一个性情中人，深谙男女情感之道。《论语·子罕》有这么一则记载：

"唐棣之华，偏其反而。岂不尔思？室是远而。"子曰："未之思也，夫何远之有？"（"唐棣树的花，偏偏摇曳。难道我不想念你？你住得太远（没办法呀）。"孔子说："这是没有真正想念呀。（如果真想）有什么遥远呢？！"）

多么浪漫呀，我们的夫子！这就是《千万里我追寻着你》这首流行歌的先秦版。的确，空间距离不会成为妨碍真正爱情的因素。把空间距离作为一种拒绝的因素，那算不上真正的爱情！

后世不少学者的解释，则令人大跌眼镜，索然无味。认为孔子只是由此及彼地想到了对仁德的追求，对道的追求。这都是哪儿跟哪儿呀？夫子也是个正常的男性呀！夫子没有像今天的男的，不论什么级别，什么教育背景，一在饭桌上，满嘴都是些黄段子，已经够令我们尊重了。难道就不允许夫子在进行文化、道德建设的同时，在自己的精神世界有一点儿自己的空间、发表一下自己的见解吗？

孔子论述女性美最精彩的，也是后世学者曲解最严重的，是《论语·八佾》中的一段话：

子夏问曰："'巧笑倩兮，美目盼兮，素以为绚兮。'何谓也？"子曰："绘事后素。"曰："礼后乎？"子曰："起予者商也，始可与言《诗》已矣！"

这话的前两句（巧笑倩兮，美目盼兮），见于《诗经·卫风·硕人》。倩，笑容美好的样子；盼，眼睛明朗的样子。原诗没有"素以为绚兮"，可能是子夏自己加上去，表达自己的见解。

上述师徒二人的对话到底是什么含义，让古今多少英雄竞折腰！现代研究《论语》的论著，什么解释都有，就是没有一个人认为，这是子夏和孔子谈女性美的精彩片段。具体说法不完全一致，但是普遍认为，这是师徒二人在谈政治伦理问题。

易中天在《百家讲坛》详细讲解了他自己关于这段话的理解，在当今的影响最大，这里主要介绍他的观点。

易中天先生也承认，师徒二人之间的问答，就像打哑谜，让人摸不着头脑。他自己虽然也努力作了解释，但是不得不承认，这个弯，也实在转得太大了一点儿，让我们看得一头雾水。

易中天先生这样解释道：原诗的意思实在很清楚，子夏为什么还要问？显然，他要"举一反三"。于是孔子回答"绘事后素"。绘事，就是画画；后素，就是后于素。也就是说，画画，要先用白颜色打底子，然后才能画花纹。这也已经由此及彼，说开去了。谁知子夏竟大受启发，高兴地问："礼后乎？"什么叫"礼后乎"？就是说，礼，也像绘画的花纹一样，要放在打底子的后面吧？孔子一听，就喜出望外地说：阿商呀阿商，启发我的人就是你呀（起予者商也），我可以和你讨论诗了（始可与言《诗》已矣）。孔子为什么会这样说？因为在孔子看来，礼乐也是要先打底子的。拿什么打底子？仁。仁爱或者仁义，就是礼乐的底子。仁为礼乐之本，当然要先仁义而后礼乐。这就叫"礼后"，或者说"仁先礼后"。

至此，我才为易中天松了一口气。他花了这么大的力气，才把事情说圆，真令人佩服！

然而，在我看来，不是孔子和子夏把弯转得太大，而是后人有一个思维定式，觉得像孔子这样的圣人，一定是言必大道理，怎么也不会像俗男人那样，谈女性的美。上述这段对话会不会是师徒二人私下的一则交谈，什么样的女人为美？在给出我们的答案之前，先看师徒二人其他有关的言行和《诗经》同一首诗的上下文。

第一，子夏是一个既讲原则，又有灵活性的人。他的一个高见是"大德不逾闲，小德出入可也（《论语·子张》）"。闲，本义是栅栏，引申为限制。什么是大德？在外忠君，在家孝敬父母。什么是小德？多看一眼美女，谈论什么样的女性才是美。

第二，孔子虽然志存高远，恢复周朝的礼乐制度，然而能否由此推断，他就没有自己精神世界吗？没有对优秀异性的向往吗？孔子的人格魅力，在于他的坦诚。据《论语·述而》，孔子曾经对他的学生说："你们认为我有什么隐瞒的吗（二三子以我为隐乎）？我没有什么隐瞒的呀（吾无隐乎尔）！我没有一件事情是要瞒着你们，不告诉你们，不让你们知道的（吾无行而不与二三子者）。这就是我，孔丘（是丘）！"

一个正常的孔子，一个坦诚的孔子，谈一点儿女性美方面的话题，人们没有理由大惊小怪。

第三，看看《诗经·硕人》的上下文，就会清楚那两句诗的真正含义是什么。这本来是搞懂那两句诗最应该做的事情，却被后世的学者忽略了。

硕人其颀，夫人身材修长，
衣锦褧衣。穿着绣花衣和外罩。
齐侯之子，齐王的女儿，
卫侯之妻，卫王的妻子，
东宫之妹，齐太子的胞妹，
邢侯之姨，邢王的小姨子，
谭公维私。谭王是他的妹夫。
手如柔荑，手指像柔软的初生草芽，
肤如凝脂，皮肤像凝结的油脂，
领如蝤蛴，脖子像又白又长的小天牛，
齿如瓠犀，牙齿像洁白齐整的瓠子，
螓首蛾眉。螓一样的头，蚕蛾状的眉。
巧笑倩兮，乖巧的笑容甜美无比，
美目盼兮。美丽的眼睛闪烁动人。

解读师徒二人对话的真正含义，这首诗有两条重要的信息不能忽略。

其一，这个美妇人是卫王的妻子。孔子周游列国，在卫国的待遇最好，待的时间也最长。卫国时下还有一个绝色的南子，前面一讲谈到，南子对政治很有兴趣，而且还召见过孔子。卫国好像有进口美女的传统，《诗经》说的这个历史美女是齐国人，时下美女南子则是宋国人。这段对话没有交代发生的时间地点，很有可能发生在他们居卫期间，看着眼前这位南子，想起《诗经》上这首诗，那么就会自然思考，她们为什么美？又美在何处？

其二，用了很多比喻来描写妇人之美，其中一个最经典，"肤如凝脂"，即皮肤细白光润，质感如凝结的油脂。皮肤白嫩，是女性美的基础，俗话说"一白遮百丑"，白皙的皮肤自身就性感，可以掩盖长相上的缺陷。这就是为什么那么多护肤品、化妆品，都有"增白"的效用，审美观古今中外都一致。

唐代诗人白居易的《长恨歌》就是借《诗经·硕人》的手法描写杨贵妃的：

回眸一笑百媚生，六宫粉黛无颜色。
春寒赐浴华清池，温泉水滑洗凝脂。

前两句说杨贵妃眼睛和笑容之妩媚，后一句写杨贵妃的皮肤细白质感如凝脂。简直就是《诗经·硕人》的翻版。

古今有一个对女性的不变的审美观：白皙的皮肤，明亮的眼睛，唇红齿白，美好的态度。《诗经·硕人》正是给我们描写了这么一幅仕女图。这样的女性，哪个男士不觉得养眼？哪个不触电？

提起这么一个女性，如果你的第一个反应是想到政治伦理，或者学术上的事，不是变态还是什么！其实，孔子和子夏很正常，是后来的学者让他们"变态"的！

实际上，孔子和子夏的对话就非常直白，就是在谈论女性的审美问题。那么多弟子，问政，问仁，问德，有一学生问老师什么样的女性才算美，我们不应该大惊小怪。看看当今，只要两个男的聚在一起，有多少时间，多少话题，是关于女性美的。

子夏"问女性美"，他补充的一句"素以为绚兮"，如果结合原诗，就非常好理解了。在先秦汉语中，素，白色的绢；绘，绢上的彩绣。从审美效果来说，"素"与"绘"的关系，就如同女性"白皙的皮肤"与"闪亮的眼睛、唇红齿白"一样。黑亮的眼睛，红白的唇齿，就是绢上的彩绣，但是它们都要有白色的底子来衬托，才能达到高度的审美效果。

这么一来，孔子的话"绘事后素"，也就很直白了，实际上进一步发挥了一下子夏的话。先有白色的底子，然后才能衬托出彩绣的美。对于女性，那就是白皙的皮肤，才能衬托出眼睛的黑亮，唇红齿白。孔子对女性有些拘谨与害羞，仍然是接着子夏的比喻来表达对女性的审美观，没有把话说得那么直白，结果害得几千年来人们胡猜乱想。

子夏接着问，"礼后乎？"也就不难懂了。前面谈的都是女性的自然美，人毕竟是社会的，这样的女性如果再能学习"礼仪"，那就是完美的女性了！这一下显示出子夏的与众不同，归到了老师的理论上去，孔子不禁说道："启发我的是阿商呀，以后跟你多讨论讨论《诗经》！"

《诗经·硕人》给我们描写的正是这样一位女性，她天生丽质，出身名族（齐侯之子），又嫁于豪门（卫侯之妻），就是一位知礼、具有良好教养的女性。一句话，孔子和子夏所推崇的是"知性美女"。

这首诗的前面七句全是描写"硕人"的出身门第，即教养、见识，接下来才是光彩照人的天生丽质。这首诗的真谛也在这里：礼仪第一，美丽第二。后天的修养可以使天生丽质锦上添花。子夏悟出了这一点，所以得到老师的夸奖。

多么精彩的一段女性美的论述呀！可惜被后来的学人解释得不仅索然无味，而且牵强附会。

是不是我们别出心裁，标新立异，独此一家？也不是的。

> 后天的修养可以使天生丽质锦上添花。

东汉经学大师郑玄有类似的解释，只是被后来的儒学大师们忽略罢了。下面是《史记集解》所引：

郑玄曰："绘，画文也。凡画绘先布众色，然后以素分布其间以成其文。喻美女虽有倩盼美质，亦须礼以成也。"

用现在的话来说，就是：绘，绘画的线条。凡是画画，先涂上各种颜色，然后用白色分布其间，使得线条显现出来。用来比喻美女虽然有天生丽质，巧笑宜人，顾盼生辉，也必须用礼仪来显示她真正的美。郑玄的解释跟我们的一样，只是郑玄老先生可能没有见过人画画，更没有学过，把绘画的程序搞颠倒了。没有人画画是先把布（纸）上涂上五颜六色，然后用白色分布其中，显示绘画的线条。这样做不仅浪费颜料，而且大大提高了绘画的难度。一般的程序都是先就选用白色的材料，绢或者白纸，然后直接用彩笔勾勒出图像。郑先生可能一辈子把自己埋在故纸堆里，无暇考虑绘画的事情，所以只能凭想象来说明了。

按照易中天的解释，孔子是说，"礼乐要以仁爱打底子"。这种说法很牵强，在孔子自身的理论中都说不通。礼乐是种具体的操作，人们都可以习礼、学乐。然而，孔子认为"仁"是一种最高的道德境界，他的弟子没有一个人达到这个标准，即使他最好的弟子颜回也只能"其心三月不违仁（《论语·公冶长》）"，连孔子自己都认为没有达到这个标准，"若圣与仁，则吾岂敢（《论语·述而》）？""仁"是与"圣"同一级别，怎么能够随随便便拿来做"底子"用？

美好的、伟大的东西，往往是简单、直白的。要真正理解孔子的言论，最主要的一点是，我们要把他看成人，看成一个正常的人。

孔子出走之谜一：
对女性的态度

读《史记·孔子世家》，一次又一次的"夫子行"，令人叹息，令人酸楚。那么，这么多的"行"的背后有多少种因素呢？这是我们理解孔子一生的关键所在。

孔子的一生，当时的老百姓和后世的帝王都有一个说法。下面来看当时的郑国人和唐玄宗是如何感受孔子的。

据《史记·孔子世家》，鲁哀公二年（前493年），卫灵公与夫人同乘一辆马车招摇过市，让孔子座驾随后，孔子认为很羞耻，离开卫国前往曹国，又离开曹国来到宋国。孔子一行在大树下练习周礼，宋国掌管军事的大臣司马桓魋想害他们，把大树都砍掉了。孔子一行乔装打扮，逃到郑国，也没有被收留，又取道前往陈国。

这一段时间，孔子一行是够忙活的，够折腾的，也够狼狈的，成了那时的"国际知名流浪群体"。所以，他们途径郑国时，孔子与弟子走散，大概是因为司马桓魋的追杀，他们要分批撤退的缘故。子贡向人打听老师的下落，一个郑人告诉他，"东门有人，……累累若丧家之狗（《史记·孔子世家》）。"子贡一听，没错，一定是自己的老师。你想，在郑国的都城，除了咱们孔子学院这帮游客，人家哪个郑人没有家？子贡见到了孔子，把那个郑人的话一五一十地转告了，孔子则欣然笑道："然哉！然哉！"这就是孔子的超人之处，表明他的豁达、乐观。

这一特定时期的孔子，确实像丧家狗，"流浪的足迹走遍天涯，没有一个家"，到处觅食，无人收留，还被驱赶，到处乱窜。

但是，千万不要认为这是孔子对自己一生的概括。孔子在相当长的时期内，有一个安定的家、温暖的家、体面的家。这些家也不是他被动丧失的，而是他因某种原因主动抛弃的。哪种狗有这种主动抛弃主人的能耐？有人以"丧家狗"来概括孔子的一生，那是典型的以偏概全，制造噱头。

唐玄宗到鲁地祭拜孔子，写下了一首诗，被收入《唐诗三百首》：

夫子何为者，栖栖一代中。地犹鄹氏邑，宅即鲁王宫。
叹凤嗟身否，伤麟怨道穷。今看两楹奠，当与梦时同。

诗人的语言并不是客观的历史记载。从整体上看，夫子的一生确实是"身否"与"道穷"，"栖栖一代中"。人们都把这简单地归为孔子理论主张不合时宜，诸侯昏庸无能，不能重用，似乎孔子是理论上的巨人，实践中的矮子。孔子的政治思想确实是导致他官场失意的原因，但是只是众多原因之一，而且还不是主要的原因。

概括起来，导致"夫子行"的原因有三大类：

第一，因为对国君在处理女性问题上不满，主动辞去工作，共两次，而且是对他人生影响最深刻的两次。

第二，因为国君向孔子请教军事知识，被问出了知识的盲点，主动辞去工作，也有两次。

第三，因为孔子的政治思想复古，不合时宜，虽然国君打算任用，大臣则竭力反对，最后没有成，也有两次。

所以，孔子的一生是由三个"2"和三种原因组成的。下面我们分别详细叙述。

孔子因女人而辞去了两次工作[1]，一生中最好的两份工作。

第一次，夫子误中齐国的美人计。

孔子五十岁后，官运亨通，五十一岁任中都宰，治理一年，政绩卓著，四方都来学习他的管理经验（四方皆则之《史记·孔子世家》）。五十二岁，由地方调到中央，升为司空，又连跳两级，由司空升为大司寇，并兼摄相事。孔子一展自己的政治才华，管理全局才短短三个月，鲁国的社会风貌为之一变，商人讲究诚信，社会尊重妇女，道德品质提高，各级官员敬业。鲁国具备了健康、持续发展的精神文明条件。

鲁国的发展震撼了紧邻的齐国。齐国的国君和大臣忧患意识很高，意识到鲁国将来强大了，第一吞并的就是我们这个老邻居，那么要把隐患消灭在萌芽之中。有人提出用土地换人，割让给鲁国土地，换取鲁国罢免孔子。一个叫黎钮的则向齐国国君出了一个成本最低计策，美人计。于是，齐国选了八十位花容月貌、穿着华美的衣服、能歌善舞的女子，外加一百二十匹装饰美丽的骏马，一起送给鲁君。这些礼物先安置在鲁城南面。手掌大权的季桓子微服私访，穿着便服前去观看再三，最后干脆欺骗鲁君，说要到其他地方考察工作，长期泡在那里，不理政事。

结果，孔子一刻也不能忍耐，离开了自己的父母之国，当天就在屯地住宿过夜（孔子遂行，宿乎屯）。

孔子这一次决策的影响非同小可，大大改变了自己的人生

【1】详细情况，请看《夫子误中美人计》和《"美丽"的错误》两章。

道路。他辞去了一生中最好的一次实践自己政治理念的机会，放弃了一生中最受人尊敬、最体面的工作。尔后，他离开了自己的父母之国，开始了十四年的周游列国生涯。

这明显是齐国的一个美人计，可惜季桓子享受美色，夫子中计。否则，孔子的官运如此之好，没有理由换工作，更不会到国外去求职。孔子的人生可能完全是另外一个样子。

第二次，卫灵公好色胜过好德。

孔子五十六岁那年，卫灵公的夫人南子召见，孔子不得已而去见了南子，子路对此事很不高兴，但是事情不了了之。又过了一个多月，卫灵公与南子同车，招摇过市，让孔子坐驾随后。这就是把孔子看作贵宾，大大提升孔子在卫国的地位和形象。在今天看来，相当于法国总统萨科齐夫妇设宴招待一个外国人，那是何等的荣耀！然而孔子"丑之"，是可忍，孰不可忍，发表了一句名言"吾未见好德如好色者也（《论语·卫灵公》）"。于是乎，孔子又"行"，离开了卫国。

孔子为什么要走？在我看来，不是因为卫灵公好色，娶了南子这位国际美女，而是因为他把美女摆在了孔子的位置前面。假如孔子是反对卫灵公好色而走，孔子当初就不会来卫国求职了，因为卫灵公与南子早就结婚了。南子代表"色"，孔子代表"德"。但是，孔子话虽然不好说得太明显，但是如果卫灵公与孔子同车，让南子殿后，或者叫南子干脆待在家里别出来，孔子就不会感到被羞辱，也就不会离开了。

又是因为老板的男女上的事情，孔子又辞去了一生中第二个最好的工作岗位。在周游列国中，待孔子最好的国君就是卫灵公，刚到卫国，卫灵公就问"你在鲁国是什么工资待遇，就享受什么待遇（卫灵公问孔子："居鲁得禄几何？"对曰："奉粟六万。"卫人亦致粟六万《史记·孔子世家》）。"那时候是以粮食作为工资的，卫国也给了孔子在鲁国任职时相当的工资。

孔子这次离开了卫国，尔后就每况愈下。本章开头那段最狼狈的丧家狗日子，就是因为孔子不满卫灵公在对待美女上的态度所致。

还有一次是，因为孔子对女性问题缺乏弹性，没有容忍度，而不被聘用。前面讲到，季桓子接纳齐国歌伎，气走了孔子。然而季桓子是很有反省精神的，他临死之前感叹道："鲁国过去差一点儿就富强起来，我气走了孔子，所以失去了这次机会（昔此国几兴矣，以吾获罪于孔子，故不兴也《史记·孔子世家》）。"他还叮嘱他的儿子季康子说："我死之后，你会担任国相，那时一定把仲尼召回来。"季康子接任后，马上就要召孔子回来，公之鱼却劝阻："过去我们的先君不能一直用孔子，结果被诸侯耻笑。现在又用他，再半途而废的话，更加被诸侯国耻笑（昔吾先君用之不终，终为诸侯笑。今又用之，不能终，是再为诸侯笑《史记·孔子世家》）。"公之鱼的话很婉转，但是话中有话，孔子是因为什么原因走的？是咱们先君的女人问题。你老爸不检点，你又好到哪里去了？孔子讲原则、不通融，您的所作所为不是最终还要把他气走吗？本来这属于个人的私生活，经孔子这位文化名人一闹腾，结果弄成国际大新闻，满世界的人都知道了。其实，公之鱼不知道，情况更严重，几千年历史上的人也都知道了。这就是公之鱼所说的"再为诸侯笑"的原因。季康子一听，恍然一大明白，最后选择了孔子的弟子冉有。

这是孔子一生中最后的一次好机会，此时他已经六十岁了。孔子几乎就要官复原职，东山再起，也是因为女性的问题而再失良机。

所以说，对孔子一生影响最大的是他对待女性的态度，主要是对老板或者同事在处理女性问题上反应激烈。他愤然辞去了一生中最好的两份工作，同时也失去了一次宝贵的东山再起的机会。

孔子出走之谜二：
军事禁区

孔子学院实行的是问答式教学，有人问仁，有人问德，有人问政，有人问君子，似乎什么都可以问。然而有一样事情是不能问的，这就是军事，这是夫子的"禁区"，一旦涉及夫子的禁区，马上就会出事。

孔子有两次"行"，或者说主动离职，都是因为别人踏入了他的"军事禁区"。

鲁哀公二年（前493年），孔子五十九岁，在卫国从政。《论语》和《史记》都记载了卫灵公向孔子请教军事问题，但

> 灵公问陈
> 哀公二年孔子自
> 陈返卫灵公问陈
> 子曰军旅之事未
> 之学也明日与之
> 语公卯视蜚雁孔
> 子见其色不在遂
> 行复如陈

是详略差别很大，让人们对孔子这次离开作出不同的解读：

卫灵公问陈于孔子。孔子对曰："俎豆之事，则尝闻之矣；军旅之事，未之学也。"明日遂行。（《论语·卫灵公》）

他日，灵公问兵陈。孔子曰："俎豆之事则尝闻之，军旅之事未之学也。"明日，与孔子语，见蜚雁，仰视之，色不在孔子。孔子遂行，复如陈。（《史记·孔子世家》）

如果一个人只看《论语》，很容易得出结论：孔子是个极端的反战人士，不要说不赞成战争，就是提这种事情就不行。你看，卫灵公一涉及这个敏感话题，孔子则"明日遂行"。战争是残酷的、血腥的，反战自然是一种高尚的道德情操。夫子是个讲究道德仁义之人，他的行为反映了他的伟大。

然而，根据《史记》的记载，人们可以作出完全不同的解读。卫灵公高薪聘用孔子，以为他治国大计样样都行，没想到最重要的国防问题，孔子则一无所知。因此，卫灵公对孔子的兴趣大减，以至于第二天与孔子说话时望着天上的大雁，不把孔子放在眼里（色不在孔子）。卫灵公这样也许是有意的，也许是无意的，但是不管怎么样，孔子是这样解读的。孔子感到受到了冷落，特别是让人看出他也有"无知"的地方，自尊心受到伤害，这才决定离去。

孔子是说过，"人不知而不愠，不亦君子乎（《论语·学而》）？"这讲的是一个人有某种知识而别人不了解，也不要生气，那是一种君子风度。孔子又说了完全相同的意思："君子病无能焉，不病人之不己知也（《论语·卫灵公》）。"但是他老人家从来没有告诉过我们，如果别人知道你没有某种知识该怎么办。从孔子的行为中可以看出，他很生气，反应很激烈。最典型的就是那次樊迟请求学习农业，孔子一下子情绪就上来了："我不如老农民，我不如老菜农。"樊迟出门后，孔子还补骂道："小人哉，樊须也（《论语·子路》）！"

那么，是不是在孔子看来，农业技术和军事知识都是没有必要学的？我看不是。子贡有一次向孔子请教怎么搞政治，孔子回答道："足食，足兵，民信之矣（《论语·颜渊》）。"显然，农业知识决定"足食"，军事知识则关系"足兵"。孔子学院又是一所政治大学，政治生活中的三件大事中的两件，难道不是学习的内容吗？而且"足食"和"足兵"是两个先决条件，也是保证老百姓信任的一个前提。况且，有效地反对战争，就是要掌握军事知识，而不是回避它，拒绝学习它。这一点，我们的圣人不可能不清楚。

《论语》还有一处谈孔子对战争的态度：子之所慎：齐（斋）、战、疾（《论语·述尔》）。孔子小心谨慎对待的三件事情是斋戒、战争和疾病。这里说的只是谨慎，而不是不可谈论。斋戒是祭祀的礼仪，疾病则是关乎人的健康甚至生死，都是需要学习、练习的。难道攸关国家生死存亡的战争，不应该学习、研究吗？保护人民安居乐业，避免战争，抵御外侮，都是需要军事知识的。孔子不可能不了解这一点。他只是自己没有学而已，不应该反对别人学习军事知识，谈论军事知识。

孔子既然要为国家培养政治人才，不会也不应该反对人们学习农业知识和军事技术。他之所以反应强烈，恐怕主要是别人不该问他不知道的东西。这在孔子看来是很伤自尊的事情。

墨子的态度最值得借鉴。他是坚决反对战争的，写下了《非攻》的名篇，然而他精研军事技术，学习兵法。墨子明白一个道理，要有效地制止战争，就要学习研究军事技术。

这次离开卫国后，孔子一行主要活动在中原南部陈、蔡、叶等小国家，那里战乱频仍，今天吴国攻打陈国，明天楚国搬兵来救。孔子一行在陈国住的时间最长，有三年左右。为了避免战乱，他们不得不离开陈国，在前往楚国的途中，被围于陈蔡之间，绝粮七日，弟子们饿得都站不起来了，陷入了周游列国期间最严重的一次危机。

孔子应该从这次"主动辞去工作"中思考一个问题，为了避谈战争，离开卫国前往陈国，却深深陷入了战争，饱受战争之苦。这件事情也是值得今天的人反思的。

孔子六十八岁那年，卫国的孔文子将要进攻太叔，向孔子请教军事策略。孔子说不懂军事，马上告辞。这次比上次卫灵公问阵要干脆得多，回到住所马上命令装车离开（退而命载而行），底气十足地说道："鸟能择木，木岂能择鸟乎（《史记·孔子世家》）！"鸟可以选择落在那棵树上，你一个木头桩子难道能够选择让什么鸟落，不让什么鸟落吗？

孔文子这个"木桩子"，难道没有听说过他的先君卫灵公的事吗？不就是向孔子"问阵"而出了事吗？他惹下了祸，竭力劝孔子留下，哪能劝得住啊？因为孔子这次可不同以往，他的弟子冉有出息了，向季康子竭力推荐老师，季康子则以隆重的典礼，欢迎孔子回国。在此之前，孔子的每次"行"都是每况愈下，唯独这一次是"愈上"，既体面又隆重，叶落归根，回到了父母之国。这时孔子已经六十八岁了，此后就打消了从政的念头，专心文化建设。

鲁哀公十一年，冉有为季氏领兵打仗，与齐国在郎地开战，大胜而归。季康子就问冉有："你的军事才能是学来的，还是天生的（学之乎？性之乎《史记·孔子世家》）？"季康子为什么这样问，恐怕也是耳闻孔子不懂军事。冉有却回答说："从孔子那里学来的（学之于孔子）。"这明显是在说谎，然而是善意的谎言，就是为了兑现当初师弟子贡交代的那句话，老师思念故里，一定要想办法把夫子召回去（子赣知孔子思归，送冉求，因诫曰"即用，以孔子为招"云《史记·孔子世家》）。接着，冉有又天上地下地把老师吹捧了一顿，打动了季康子，季康子派公华、公宾、公林带着各种玉、马、皮、帛等各种珍贵的礼物，迎孔子返回鲁国。

因此说，结束孔子十四年的颠沛流离的周游列国的生涯，是子贡的安排、冉有的操作。

孔子最后辞去卫国的职位，返回鲁国，也是一个值得深思的问题。孔子不学习军事知识，拒绝讨论军事知识，愤而辞职；但是他却是以弟子的军事才能而找到了新的安居乐业之处。可见，战争和军事是任何政治家，甚至普通百姓无法回避的问题、无法摆脱的现象。

冉有是安排孔子归国的第一功臣，为孔子晚年从事著述创造了良好的生活和工作环境。但是，不仅没见孔子说过冉有一句好话，却在归国的第二年开除冉有的学籍，不承认冉有这个学生了，号召其他弟子敲锣打鼓攻击冉有（非吾徒也，小子鸣鼓而攻之，可也《论语·先进》）。原因是，季氏已经比周公富了，冉有还帮助他搜集钱财（季氏富于周公，而求也为之聚敛而附益之）。哎呀，夫子呀夫子，这是冉有的工作呀，冉有消极怠工，怎么可能把你从卫国迎回来呢？你这只"鸟"怎么可能选择"木"呢？

如果孔子不是老糊涂了，就是越老越固执了。要知孔子为何开除冉有的学籍，请看《冉有为何要退学》。

孔子出走之谜三：政见不合

普遍认为，孔子到处碰壁，栖栖惶惶，主要是因为他的政治思想不合时宜。其实，因为政治思想而碰壁的情况并不多，只有两次，而且都是在聘用之前发生的，对孔子生活的影响并不大。

孔子因政见不合而碰壁，第一次发生在他三十五岁左右，第二次发生在他六十三岁左右。

孔子三十五岁左右，鲁国内乱，孔子来到齐国。孔子做了两件事，一是做高昭子的家臣，想通过他来接近齐景公；二是与齐国乐师谈论音乐，听到韶音就开始学习，以至于"三月不知肉味"。孔子这两招的目的都很明显，第一招就是攻关，尝试接近齐国的最高统治者。第二招有很浓重的自我策划的味道，让齐国的大众知道他。此时的孔子还年轻，知名度也有限，要被重用，两条路子可走：一是领导重视，二是大众的关注。

在现代社会，一个歌星可能因一首流行歌而暴红，一夜之间成为整个社会的焦点人物。那时候可能没有独唱这种形式，而是流行乐舞。《韶》，传说是上古虞舜时的一组乐舞，应该在齐国很盛行。评论政治人物，不管是夸还是贬，都会得罪人。评论音乐，则既高雅又安全。孔子先评论《韶》乐："尽美矣，又尽善也（《论语·八佾》）。""尽善尽美"这个成语就是出自这里。孔子听了《韶》乐后，竟"三月不知肉味"，嘴巴上还念叨："没想到会快乐到这步田地（不图为乐之至于斯也《论语·述而》）！"关于夫子的这种超常或者说反常的生理反应，今天的人也不必太认真，很可能是夫子自我宣传、自我策划的一种手段，因为能不能分清猪肉和白菜的味道，只有夫子一个人知道，没有人可以去验证。而且，我相信今天没有一个人可以做"重复试验"，让一个人听世界上最美妙的音乐，看能不能让他三个月失去味觉。《史记·孔子世家》在这里补上了一句非常有趣的话："齐人称之。"这就是夫子所要的社会效果。

在此之前，齐景公对孔子的印象很不错。据《史记·孔子世家》，鲁昭公二十年，即孔子三十岁那年，齐景公携大臣晏婴来到鲁国，景公问孔子道："过去，秦穆公国家弱小，地处偏远，为何能够称霸？"孔子回答说："秦国虽然小，但是志向远大；地方虽然偏僻，但是行为中正。"景公很赞赏孔子。

孔子自我努力，加上景公的好印象，很快就得到景公的召见。没有什么悬念，景公张嘴就是政治，就是在这一次孔子发表了自己的著名政纲："君君，臣臣，父父，子子。"景公称赞道："善哉！信如君不君，臣不臣，父不父，子不子，虽有粟，吾岂得而食诸（《论语·颜渊》）！"看来景公是很容易满足的那类，只要保住饭碗就行，难怪孔子对他的评价不高："齐景公有马千驷，死之日，民无德而称焉（《论语·季氏》）。"齐景公都忙于置家产了，顾不上老百姓的事。

没过几天，齐景公又问孔子如何搞政治，孔子这次从经济上着眼，回答道："政在节财（《史记·孔子世家》）。"

前次谈道德，这次谈经济，精神文明建设和物质文明建设两手抓，孔子已经注意到了。

景公很高兴，打算把尼溪田封给孔子。然而，孔子人生第一次眼看到手的官运被晏婴搅黄了。晏婴向齐景公讲了以下的理由：

"儒家这种人，能说会道，是不能用法来约束他们的；他们高傲任性自以为是，不能作下臣使用；他们重视丧事，竭尽哀情，为了葬礼隆重而不惜倾家荡产，不能让这种做法形成风气；他们四处游说乞求官禄，不能用他们来治理国家。自从那些圣贤相继下世以后，周王室也随之衰微下去，礼崩乐坏已有好长时间了。现在孔子讲究仪容服饰，详定烦琐的上朝下朝礼节，刻意于快步行走的规矩，这些繁文缛节，就是几代人也学习不完，毕生也搞不清楚。您如果想用这套东西来改变齐国的风俗，恐怕这不是引导老百姓的好办法（夫儒者滑稽而不可轨法；倨傲自顺，不可以为下；崇丧遂哀，破产厚葬，不可以为俗；游说乞贷，不可以为国。自大贤之息，周室既衰，礼乐缺有间。今孔子盛容饰，繁登降之礼，趋详之节，累世不能殚其学，当年不能究其礼。君欲用之以移齐俗，非所以先细民也。《史记·孔子世家》）。"

概括起来，晏婴反对任用孔子的理由为：

一、能说会道，不守法律；

二、高傲任性，不好任用；

三、重视丧葬，劳民伤财；

四、到处乞官，缺乏忠诚；

五、繁文缛节，不切实用。

齐景公也是个耳朵软的人，听了晏婴的一番咕叨，马上改变态度，再见孔子，还是很尊敬他，但是不再问礼仪方面的事了。有一天，景公为留孔子说："用给季氏那样高的待遇给您，我做不到。"所以就用上卿季孙氏、下卿孟孙氏之间的待遇给孔子。齐景公本人还是很赞赏孔子的，只是降格以用。景公的话里也透露出，孔子对自己的待遇是有要求的，就像鲁国对待季氏那样。这个开价可不低，季氏在鲁国，富可比国，权倾一时。这就可以解释，为什么齐国的大夫有人想害孔子（**齐大夫欲害孔子《史记·孔子世家》**），因为分封孔子直接伤害到他们的利益。齐景公怕事情闹大，不可收场，就对孔子说："我已年老了，不能任用你了（**吾老矣，不能用也《论语·微子》**）。"孔子于是就离开齐国，返回了鲁国。

《论语·微子》的记录非常简略：**齐景公待孔子，曰："若季氏则吾不能，以季、孟之间待之。"曰："吾老矣，不能用也。"孔子行。**先是齐景公说不能像季氏那样给待遇，怎么马上就是"我老了"，接着孔子就走了。《史记·孔子世家》的记载清晰说明前因后果，其间的逻辑关系很清楚：孔子开价太高，引起大夫们的众怒，景公想降格以用，但是有人甚至要加害孔子，齐景公控制不住局面，所以就以"吾老矣，不能用也"不是理由的理由，劝孔子赶快离开。孔子也听说了有人要害他，就返回了鲁国。否则，齐景公不用孔子的理由，简直让人莫名其妙，人老了，不是正可以放手让年轻人干吗？

晏婴的话有一点是没错的，孔子一生到处乞求官禄。"官"是地位，"禄"是待遇。那么自然就会问，孔子要求的待遇是什么？有两处证据，孔子要求的待遇不低。一是孔子到卫国，起薪与在鲁国担任大司寇兼摄相事一样，"**奉粟六万（《史记·孔子世家》）**"。二是子贡问孔子的志向，孔子则是"**求善贾而沽（《论语·子罕》）**"。也就是说，孔子不轻易出山，一定要等待一个好价钱。今天我们找工作都要谈工资待遇，圣人也不例外。

这一次齐国求职不利，一半是因为政治主张，一半是因为开价太高。就政治主张来说，齐景公还很是赞赏孔子的，想任用的，只是遭到晏婴这些大臣们的坚决反对，才只好作罢。

第二次孔子因政见问题而碰壁发生在他六十三岁那年。在前往楚国的途中，孔子一行在陈蔡之间被围困，楚昭王兴师来解救，这才免于一难。楚昭王想把七百里的书社封给孔子，又是大臣劝阻。《史记·孔子世家》详细地记录了这次对话，现用白话把它翻译出来：

楚国的令尹子西阻止说："大王派往各侯国的使臣，有像子贡这样的吗？"

昭王说："没有。"

子西又问："大王的左右辅佐大臣，有像颜回这样的吗？"

昭王说："没有。"

子西又问："大王的将帅，有像子路这样的吗？"

昭王回答说："没有。"

孔子不轻易出山，一定要等待一个好价钱。

子西还问:"大王的各部主事官员,有像宰予这样的吗?"

昭王回答说:"没有。"

子西又说了一个穿凿附会、莫须有的理由:"况且我们楚国的祖先在受周天子分封时,封号是子爵,土地跟男爵相等,方圆五十里。现在孔丘讲述三皇五帝的治国方法,申明周公旦、召公奭辅佐周天子的事业,大王如果任用了他,那么楚国还能世世代代保有方圆几千里的土地吗?想当年文王在丰邑、武王在镐京,作为只有百里之地的主,最终能统治天下(且楚之祖封于周,号为子男五十里。今孔丘述三五之法,明周召之业,王若用之,则楚安得世世堂堂方数千里乎?夫文王在丰,武王在镐,百里之君卒王天下《史记·孔子世家》)。"

子西这是没事找碴儿,啊,孔子如果在楚国被任用,就会发展壮大,像周王朝削减楚国的土地吗?甚至取消楚国的国家资格吗?子西这是在吓唬楚昭王,不要任命孔子。其实,孔子是很知礼的,也是懂得人情世故的,为了给自己营造一个良好的工作环境,"居是邑,不非其大夫(《荀子·子道》)",连人家大夫的坏话都不说,怎么可能去动人家国家的根本利益呢?再说了,孔子有这种能耐吗?

子西还是最后一语道破真谛:"现在如让孔丘拥有那七百里土地,再加上那些有才能的弟子辅佐,这不是楚国的福音啊(今孔丘得据土壤,贤弟子为佐,非楚之福也《史记·孔子世家》)。"这与前面的话一对比,我们马上可以清楚:孔子带来的不光是自己的治国理念,还有一个出色的领导班子,外交部长子贡先生,总理颜回先生,国防部长子路先生,民政部长宰予先生。这些人才,我们楚国都没有。请他们进来了,我子西首先面临下岗的危险。

结果，楚昭王把给孔子的聘书压下来了。

准确地说，两次都不完全是因为孔子的政治主张而被拒绝的。这两次有一个共同特点，都是国君想重用孔子，也都是被两个大臣搅黄了。晏婴和子西反对的具体理由虽然不一样，但是原因都一样，孔子伤害到了他们的个人利益。在齐国，孔子开价太高，就像一个饼子那样，一大块切给了孔子，其他人分的自然就少了；在楚国，孔子带着自己的内阁成员，使得别的大臣面临下岗的危险。

其实，孔子的治国理念和政治才华是被证明了的，远不是后世以讹传讹所说的那样。其一，孔子在鲁国执政短短几个月，鲁国大治，震动齐国，致使齐国使用美人计气走孔子；其二，卫灵公高薪聘用孔子，齐景公和楚昭王都已决定重用孔子，难道这些国君没有自己的判断力吗？其三，孔子一行在陈蔡之间被围困的原因是，他长期在陈国和蔡国从政，那里的士大夫对孔子政绩的评价是："孔子是位有才德的贤人，他所指责讽刺的都切中诸侯的弊病（*孔子贤者，所刺讥皆中诸侯之疾《史记·孔子世家》*）。"他们都看出了孔子是位杰出的政治人才，现在楚国请孔子去治理，就会威胁到他们的利益。由此可见，孔子的政治才能是得到陈蔡两国的认可的，也应该是在他们那里得到证实的。

政治主张和治国才能并不见得是一回事。孔子的政治思想表面上是复古的，不合时宜，但是他治理起一个国家来可能还是行之有效的。孔子治理国家的能力，是被历史证明了的。

孔子两次因政治主张被拒绝聘用的原因很复杂，不能表面上去理解。主要是因为伤及到大臣的切身利益而遭到竭力反对。

孔子出走之谜四：
慎言误事

　　导致"夫子行"的因素，还有孔子对待语言表达的态度。他反感巧言者，什么"巧言令色，鲜矣仁（《论语·学而》）"啦，什么"巧言、令色、足恭，左丘明耻之，丘亦耻之（《论语·公冶长》）"啦，什么"恶利口之覆邦家者"啦，不一而足。把善于言辞上升为道德问题，乃至威胁国家的安全问题。

　　与此同时，孔子赞美慎言者。君子应该是"敏于事而慎于言（《论语·学而》）"，而且也把慎言上升为道德高度，"刚、毅、木、讷，近仁（《论语·子路》）"。"刚"和"毅"确实是一种优良品质，"木"是质朴，也算优点，但是"讷"是嘴巴不利索，怎么能够跟"仁"扯得上呢？按照这个逻辑，天生结巴的人就是最仁慈的了。

　　他反感巧言，赞美木讷，是出自他的道德观念呢，还是孔子天生自己就是如此？也许兼而有之。

　　孔子确实做到了"慎言"，也确实由此而吃了大亏。

　　孔子慎言，在齐景公那里表现得淋漓尽致。政治这么大一个问题，涉及的方面如此之多，可是齐景公每次问孔子，孔子只说一句话。第一天，齐景公问孔子如何搞政治，孔子说了一句话："君君，臣臣，父父，子子（《史记·孔子世家》)。"这个问题应该展开，比如为何提这个问题，有什么现实意义，会带来什么样的政治效果？孔子应该抓住这么好的一个机会，推销自己，全面阐述自己的政治主张，这就会给晏婴的非难留下较少的空间。孔子这话也许有自己深刻的理由，然而显然他没有说，致使齐景公把它简单理解为保自己的饭碗。

孔子"慎言"的这一说话特点，也在与自己弟子对话中表现得淋漓尽致。孔子与弟子的对话有个规律，弟子不往下问，孔子就不往下说。那么，这次齐景公只顾乐自己的，不问了，孔子也就此打住。

又过了几天，齐景公又问同样的问题，孔子只迸出了四个字："政在节财（《史记·孔子世家》）。"那么，从哪里下手，如何节财，齐景公不问，孔子又不说。

相比之下，晏婴的口才却比孔子胜出许多，一张嘴就滔滔不绝，先罗列儒家的几个缺点，再说出不能用孔子的理由，有的没的都往孔子身上堆。在孔子尚未证明自己的政治才能之前，全面阐述自己的政治理念，用各种办法说服国君，是走向政坛的关键。这个时候绝对不能"慎于言而敏于事"，因为你只有说话的机会，还没有做事的权利。

总的看来，孔子是个实诚人，是个老实人，不多说话。但有时吃了大亏，即使吃了亏，孔子也不知道如何为自己辩护。

孔子一行来到楚国求官，又吃了子西的亏。子西又是侃侃而谈，长篇大论，说孔子的弟子如何了得，将来执政威胁楚国，也是云里雾里，连蒙带吓唬，结果楚昭王取消了分封孔子的计划。可是，我们没有看到孔子为自己辩护，他那个时候人已在楚国，是有机会向楚昭王陈述自己的理由的。

在整个周游列国的过程中，我们都没有看到孔子向哪个国君全面阐述自己的政治理论。只听到孔子说过这么一句话："苟有用我者，期月而已可也。三年有成（《论语·子路》）。"这相当于孔子的广告台词："如果有用我治理国家的，一年过后就可以有起色了，三年会有大的成效。"但是怎么做到这一点，是最关键的，孔子却没有说。哪个国君会去冒这个险呢？会拿一个国家让你去试验。孔子也许不清楚，要推销自己，不是表决心、打包票，而是要用言辞系统阐述自己的治国理念，用以打动对方，说服对方。

子西把孔子这么好的一次机会给搅黄了，即使孔子没有机会与子西理论，却可以在其他地方阐明自己的观点。看到《论语》有下面一则记录，真为孔子感到憋气：

或问子产。子曰："惠人也。"问子西。曰："彼哉！彼哉！"（《论语·宪问》）

有人问孔子，子产是怎么样的人，孔子说："是宽厚仁慈的人。"又问到子西，孔子只说："他呀！他呀！"什么具体内容都说不出来。我们知道，自己的弟子樊迟要学农业，孔子出口就是"小人哉，樊须也（《论语·子路》）"，一点儿都不犹豫。樊迟还是个坦诚、有话直说的人，可子西这家伙背后捣乱，为了个人的私利，阻挠楚昭王任命孔子，这是一个标标准准的小人！孔子干吗不把这个"光荣称号"送给他呢？

关于这里的"子西"何许人也，还有一个笔墨官司。春秋时期，载入史籍的有三个子西：其一，楚国的公子申；其二，楚国的斗宜申；其三，郑国的公孙夏，是子产的同宗兄弟。根据前因后果，这里的"子西"就是楚令尹子西。

孔子所推崇的是闵子骞这种人的说话风格："夫人不言，言必有中（《论语·先进》）。"也就是说，不要随便开口，张嘴就要一言中的、切中要害。问题是谁有这么大的能耐呢？谁能做到一句废话都不说呢？用一个现代战争的术语来说，孔子是狙击手，采用的是"点杀式"；晏婴、子西则是轰炸机，狂轰滥炸。很多时候你狙击手还没有发现敌机在哪儿，就被人家地毯式地一通乱炸给打懵了。所以，孔子总是显得单薄无力，被动挨打。

夫子行还有其他方面的因素，因为都不是影响很大，这里只略作说明。

孔子说："危险的国家不进入，混乱的国家不居住（**危邦不入，乱邦不居**《论语·泰伯》）。"孔子在周游列国的过程中也确实是这样做的。简单地说，这主要是为个人的安全而考虑。孔子第一次来到卫国，住了不多久，有人向卫灵公说了孔子的坏话，卫灵公就派公孙余假用兵仗监视孔子的出入。孔子害怕在这里获罪，居住了十个月，就离开了卫国。

这次离开卫国，又是在"慎言"上出问题。别人在卫灵公那里说你的坏话，你起码可以首先为自己辩护，不行再走不迟。

孔子在陈国住了三年，这期间晋国和楚国争霸，陈国夹在中间，两国多次攻打陈国，后来吴国又来侵略，陈国常年处于战乱之中。孔子说："回去吧，回去吧！我家乡的那些弟子，志气很大，只是行事粗鲁一些，他们都很有进取心，也没有忘记自己的初衷（**归与归与！吾党之小子狂简，进取不忘其初**《史记·孔子世家》）。"于是孔子就离开了陈国。

可见，孔子离开一个国家，有各种各样的原因，跟他对待言辞态度有关，有时候也是为了个人的安全考虑。

可怕的"有教无类"

"有教无类"是一个成语，受中学以上教育的人都知道它的意思：不论贤愚贵贱，都一视同仁地加以教育。这个成语出自《论语·卫灵公》。《论语》中的这句话，孤零零的，子曰："有教无类。"前后内容都与教育无关，没有上下文。问题是，这是孔子原来的意思吗？

易中天提出了完全不同的看法[1]。所谓"有教无类"就是说，人，原本是"有类"的。比如有的智，有的愚；有的贤，有的不肖。但通过教育，却可以消除这些差别。这就叫"有教则无类"。可见"有教无类"是教育的结果，不是前提。

我从语言学的角度来证明，易中天先生的观点是正确的。也就是说，千百年来，人们都错会了夫子的话。表达"领有"这个概念的动词，在世界上许许多多语言中，都发展出了一个重要用法，放在动词前，表达该动词所指的动作已经完成。这是人类语言的一个普遍规律。比如，学过英语的都知道，英语中的have（有）出现在动词eat（吃）之前，表示"吃的行为已经完成"。汉语的不少南方方言都有这个用法，经常听到他们说"我有吃饭"，这样你就放心了，不

【1】这个观点，易中天是根据谢质彬先生在1989年第11期《文史知识》中的分析。

用担心再招待他们了。

"有"的上述用法，在先秦汉语中也存在。下面是比《论语》更早的文献《诗经》中的例子：

子兴视夜，明星有烂。（《诗经·女曰鸡鸣》）

女子有行，远父母兄弟。（《诗经·泉水》）

学界普遍搞不懂"有"在这里的意思，所以你翻开词典，就会看到：有，词头，无义。语言中是不存在没有意义的词语的，否则，我们吃多了，干嘛去说它。上面第一个例子的意思是，一位男士晚上起来看天空，发现启明星已经亮了。第二个例子则是说，女子出嫁了，远离自己的父母兄弟。很明显，只有出嫁的行为已经完成，才有远父母兄弟的结果。

其实，"有"放在动词之前表示动作完成的用法也见于《论语》。例如，这句话"子路有闻，未之能行，唯恐有闻（《论语·公冶长》）"，"有闻"就是听到了什么，"唯恐有闻"就是担心再听到了什么。又如，颜回死时，孔子哭得非常悲痛，旁边的人劝孔子："您太悲痛了（子恸矣）。"孔子说："有恸乎？非夫人之为恸而谁为（《论语·颜渊》）！""有恸乎"就是说"太悲痛了吗？"那时候"有"的一种用法相当于现代汉语的"了"。

这样，"有教无类"中的"有教"，准确意思是，"已经教育了"，或者说"教育的行为已经完成了"。那么，"无类"自然是教育的结果，不可能是接受教育的前提条件。

通过教育消除差别，这是孔子的一个重要的教育思想。那么，如何评价它呢？易中天先生认为，这是一个了不起的构想，因此，说孔子是中国历史上最伟大的教育家，一点儿也不过分。

我的问题是，教育能做到这一点吗？应该做到这一点吗？

可怕的"有教无类"

首先，教育做不到孔子所说的"有教无类"。智、愚、贤、不肖，是人之天性。教育只能拉大这种差距，不会缩小这种差距。读书关键在悟性，一个天生愚笨的人，通过教育可以变得聪明一些，在知识上有所进步；那么一个天资聪慧者，会更加聪明，进步会更快。两者之间的距离只会拉大，不会缩小。拿体能为例，李宁没有学体操之前，在自由体操上可能翻一圈，我则一圈翻不了，我们天生的差距只有一圈；进入体校以后，我以断胳膊瘸腿的代价学会翻一圈，李宁可以腾空三圈半落地纹丝不动，我们的差距变成了两圈半。如果一个体校让我和李宁"无类"了，变得一样了，则只能对我拔苗助长，对李宁也要胳膊腿上缀四个铁锤。这个学校一定存在着严重的教育问题，绝对不可能培养出"体操王子"。其他学科的教育也是如此。

其次，教育也不应该把人都培养得一模一样。教育应该让每个人的个性和天赋得到充分的发挥，即个性化教育。同时，社会的需求也是多种多样的，学校只有培养不同的人才，才能满足社会的需要。

孔子是如何在他的教育实践中贯彻他的"有教无类"这一思想呢？那就是截长补短，压高拉低。

《论语·先进》记载，一次子路问孔子："听到马上就执行吗？"孔子回答说："有父兄在，怎么能够听到就做呢？"冉有也问同样的问题，孔子则说："听到了马上去做。"一旁的公西华则一头雾水，问老师为何同样的问题，回答如此不一样呢？孔子解释道："阿求呀，性格退缩，所以要鼓励他；阿由啊，争强好胜，所以要压一压他。"

能不能通过这种教育来改变子路的急性子和冉有的慢性子呢？我想很难。干嘛不充分发挥他们两个的个性，让他们

> 读书关键在悟性。

将来从事不同的职业呢？比如，让子路担任某城市消防站的站长，哪里有火警，就立即行动，不必再去征求他父兄的意见，然后再决定这场火该不该灭。让冉有做某城市规划处的处长，把城市事先规划好，不要一条马路，今天自来水公司挖开一次，明天废水排放公司挖开一次，后天供电局铺电缆再挖开一次，不仅可以避免巨大的浪费，而且也少给老百姓带来交通不便。

"过犹不及"这个成语也出自《论语》，它与"有教无类"密切相关。一次子贡问："阿师（子张）和阿商（子夏），谁更优秀？"孔子说："师呢，过了；商呢，不够。"子贡说："那么是不是阿师好一些吗？"孔子的回答为"过犹不及（《论语·先进》）"。在孔子看来，过了和不够，是一样不好的。

孔子所追求的"有教无类"，不光是性格都一样，能力都一样，而且专业知识也都要一样。这就是为什么樊迟要学农业，孔子才那么生气的一个理由。孔子的理想就是把每个人都培养成政治、伦理方面的人才。

"有教无类"的政治思想，也有它的积极的一面。就是现在所说的公民化教育，每一个公民都要接受一定的必要的知识训练。特别是进入社会大生产时代，每个工人都应该掌握同样的技能，让他们接受同样的训练。

然而，"有教无类"也有它负面的影响，与个性化教育背道而驰，限制了创造性人才的培养。压制个性，并不是我无端给孔子加上得一条罪状。他以身作则，杜绝四种毛病：

子绝四：毋意，毋必，毋固，毋我。（《论语·子罕》）

抱着为圣人讳的态度，孔子所杜绝的自然都是些不好的东西：不凭空想象，不绝对肯定，不固执拘泥，不自以为是。这些消极词语，诸如"凭空"呀，"绝对"呀，"固执"呀，都是后世的学者加上去的。

易中天先生是这样评说上面一段话的：孔子对颜回的评价，为什么这么高呢？就是因为颜回有悟性。孔子做学问最反对四种毛病，叫意、必、固、我（《论语·子罕》）。意，就是凭空想象；必，就是绝对肯定；固，就是固执拘泥；我，就是自以为是。这四种毛病，孔子都没有，今人都不少。原因之一，就是没有悟性，一根筋，认死理，画地为牢，还死不开窍。

假如我们能够站在中立的立场，孔子的原话应该是：不要有想象力（毋意），不要太相信自己（毋必），不要坚持己见（毋固），不要保持个性（毋我）。

现在马上看出问题。孔子要杜绝的四点，正是个性化教育应该提倡的，也是创新型人才应该具备的素质。几千年来，中国教育所缺乏的，所应该深刻反省的地方，就出在儒家的这一教育思想。

做到上述四点的学生，自然好管理。孔子最喜欢的学生颜回，就是遵守这些纪律的模范，从来不讲老师没有说过的话，从来不下肯定的判断，从来不提自己的观点，也从来没有意识到自己还具有独立思考的能力。对夫子除了崇拜，还是崇拜。听夫子的讲话，没有不专心的；听了夫子的讲话，没有不高兴的。所以得到夫子像唱咏叹调式的称赞："贤哉回也！贤哉回也！"

反面典型宰予，处处违背上述四条。《论语·八佾》记载，一次鲁哀公问宰予，祭祀土地神的牌位用什么木料。宰予答道："周人以栗木，目的是让老百姓战栗。"这个解释不一定科学，但是够有想象力的吧？然而，得到老师的则是劈头盖脸的一顿臭骂。在为父母服丧问题上，最能体现宰予独立思考精神的，老师坚持三年，他则说一年就够了，因为君子三年不修礼，不习乐，就会礼坏乐崩，而且还要春种秋收，人们要吃饭。这是我们在《论语》中看到的唯一一次弟子与老师唱反调。孔子一听就来了气，问"这样做于你心安吗？"可爱的宰予只回答了一字："安！"孔子听了更生气，于是说："女安则为之。"宰予还真的转身就走了。结果，宰予被老师骂为不孝之子，后来因为白天睡觉，宰予又被骂为"垃圾"，"朽木不可雕也，粪土之墙不可圬也《论语·公冶长》。"

中国几千年来，太多的是颜回这样的乖乖孩，太少的是宰予这样具有独立思考精神、敢于坚持己见的学生。

中国与西方教育的显著差别在于：中国教育，有教无类；西方教育，有教有类。这也反映在日常语言表达上。美国老师夸一个学生优秀，常说"You are special"，这句话如果直接翻译成汉语，那就成了批评人的了："你很特殊"、"你跟别人不一样"、"你很另类"等等。谁听了这话都不会高兴。

美国没有教育部，大学没有统一的教学大纲，每个学校可以独立地发展自己，每个老师可以独立决定教学内容，每个学生可以独立设计自己的学习。它的成功之处，使得每个人的才能得到充分发挥，每个人的个性得到充分发展。

在中国人看来，孩子学习，是给父母学的，是给老师学的。经常可以听到不少家长给孩子讲，"你给我考个双百分（数学和语文），我给你奖励个什么什么"；老师给学生讲，"你把作业给我按时交来"。很多很多的"给我"、"给我"，久而久之，学生就忘了学习是为了自己。

2008年北京奥运会的主题歌的歌名，也蕴含着东西方教育的一个重要差别：中文的歌名是《我和你》，英文的歌名则是"You and me"，顺序恰好颠倒。我们的教育是"我和你"，这里的"我"就是我们的教育家，我们的教育领导者、管理者，我们的老师，我们的家长；这些是第一位的。而"你"则是学生，受教育的对象；受教育者则是第二位的。西方则正好跟我们的相反。

教育的理念，决定教育的成效和人才的培养。儒家教育中的"有教无类"，值得我们认真反省。

《论语》也有毒

> 语言渗透着文化，文化充实了语言。学习这种语言，不可能绕开它的文化；学习它的文化，也就是在学习它的语言。

两千多年来最畅销的教科书——《论语》，被誉为中国人的《圣经》。虽然它记录的只是孔子和弟子的对话，可一字一句的背后隐藏着许多故事和道理。千百年来的读书人对它顶礼膜拜，皓首穷经，无限引申。据统计，《论语》中的成语到今天还被广泛使用的就有上百条之多，这不能不说是一个奇迹。然而，即便是《论语》这样的儒家经典，仔细推敲，除了现在显而易见的错误观点外，还有一些隐藏很深不易被发现的"毒草"。特别是孔子说的一些话，或者自相矛盾，或者模棱两可，经不起推敲。下面我们就一起来看看《论语》有哪些问题。

语言渗透着文化，文化充实了语言。学习这种语言，不可能绕开它的文化；学习它的文化，也就是在学习它的语言。

一部《论语》充满着名言警句，它们是孔子及其弟子们的智慧结晶，而且已经成为我们民族语言的有机部分。屈指数来，就有：和为贵、见义勇为、成人之美、既往不咎、巧言令色、三十而立、三省吾身、一以贯之、循循善诱、功亏一篑、登堂入室、言而有信、慎终追远、无欲则刚、临危受命、见利思义、不念旧恶、行不由径、文质彬彬、敬而远之、先难后获、述而不作、诲人不倦、学而不厌、举一反三、分崩离析、祸起萧墙、暴虎冯河、色厉内荏、道听途说、患得患失、求仁得仁、发愤忘食、乐以忘忧、志士仁人、因人废言、杀身成仁、欲速则不达、一言以蔽之、温良恭俭让、既来之则安之、杀鸡焉用牛刀、知其不可而为之、三人行必有我师焉、是可忍孰不可忍、道不同不相为谋、己所不欲勿施于人、四体不勤五谷不分、死生有命富贵在天、工欲善其事必先利其器、鸟之将死其鸣也哀人之将死其言也善等等，等等。

一部不到两万字的典籍竟有这么多的名言警句，按照比例，在中国历史上所有的典籍中，《论语》名列榜首。

然而是不是《论语》中的每句话都是完美无瑕的呢？也不是。下面我就对《论语》做个吹毛求疵。

孔子是非常讲究友谊的，《论语》多处讲交友之道，但是如果人人都按照孔子的话去做，结果谁也不会有朋友。其中《学而》和《子罕》两篇都讲道："主忠信，毋友不如己者，过则勿惮改。"前边一句和后边一句都对，"人要讲究忠诚和信义"，"做错了事不要怕改正"，这些话人人都应该照办，问题就出在中间一句，"不要跟不如自己的人交朋友"。一个人只想跟比自己好的人交朋友，可是人家不愿意跟你交朋友，因为你比人家差。这样循环往复，谁也交不上朋友，谁也别期待"有朋自远方来"，谁也不能"不亦乐乎（《论语·学而》）"。孔子的不少话可能只是给特殊的群体和特殊的人讲的，很可能就是跟他的学生讲的，只适用于特定的范围，不要大而化之。

孔子对种庄稼的有偏见，樊迟提出想学农业，孔子骂他是小人，没有出息，为什么不去做大官、赚大钱呢？作为老师，鼓励大家努力学习、专心学习，是可以理解的，但是孔子有时候说话就不那么讲究逻辑了：

子曰："君子谋道不谋食。耕也，馁在其中矣；学也，禄在其中矣。君子忧道不忧贫。"（《论语·卫灵公》）

耕田种地，确实免不了饥饿，因为有灾荒，有苛政。然而学习就一定能够做官拿俸禄了吗？最爱学习的颜回，家里就剩下"一箪食、一瓢饮（《论语·雍也》）"了，孔子自己也感叹道："回也其庶乎！屡空（《论语·先进》）"。颜回二十九岁头发就全白了，四十岁就死了。孔子这里的问题出在弄乱了可能性的大小：耕田最大的可能性是不挨饿，比较小的可能性才是挨饿；学习最大的可能性是做官拿俸禄，比较小的可能性是受穷在家里待着。对于耕田，孔子取其可能性小者；对于学习，孔子则取其可能性大者。结果，造成逻辑上的混乱，表述上的不对称。正确的说法应该是：

耕也，食在其中矣；学也，禄在其中矣。

耕也，馁在其中矣；学也，贫在其中矣。

这样一改，不仅逻辑上更合理，也更加符合现实情况。第二种情况也不是太难见到：养猪的吃不起猪肉，盖房子的住不起房子，种粮食的吃不饱肚子，上大学的找不到工作。但这只是社会现象的一个方面，不能以偏概全，你看哪个开发商没有几栋别墅？很多高官手里也握着博士学位。

很明显，孔子对农业生产的偏见可能与他所处的时代以及主流价值观有关，用今天的观点来批评孔子当时的这些思想未免有些苛刻。不过，读《论语》这种国学经典时，应该始终保持独立的质疑精神。即便孔子被推崇为圣人级的教育家，他自己在教育弟子的过程中，也有许多让人费解的不当之处。

还有，如果人人学君子，人人成了君子，大家都"谋道不谋食"，也都"忧道不忧贫"。那么，就有一种结果，人人没有饭吃，也就正应了孔子在陈蔡被围时说的一句话："君子固穷（《论语·卫灵公》）。"这个"穷"不仅是古汉语的"困窘"的意思，也是现代汉语的"没饭吃"的意思。这样一来，一个社会还需要大批的"小人"来种地，那就不应该只提倡君子而贬斥小人了。孔子的思想就陷入大的逻辑矛盾之中。

在孔子看来，贫穷也是一种品行，是一种优良的品性，只有仁者才可以"久处约"，推崇安贫乐道。所以，孔子把"贫与贱"看成与"富与贵"一样的东西，都是需要通过努力才能得到的：

富与贵是人之所欲也；不以其道得之，不处也。贫与贱，人之所恶也；不以其道得之，不去也。（《论语·里仁》）

"贫与贱"既然是人们"所恶"的，怎么可能不择手段得到它呢（不以其道得之）？那不是有病吗？我看古往今来，除了孔子的两个好学生颜回和原宪能做这一点，谁也不会自觉去追求"贫与贱"。因此，更加符合人性的说法应该是：

贫与贱，人之所恶也；不以其道去之，不去也。

孔子有些时候也有点儿答非所问。司马牛这个人"多言而躁（《史记·仲尼弟子列传》）"，属于孔子不待见的那一类。司马牛可能老是缠着孔子问东问西，孔子也反感，所以回答起来也有些敷衍搪塞，给人答非所问的感觉。《论语》和《史记》都记录了司马牛的两次问题，但是孔子回答的质量都不高，下面只看其中的一则：

司马牛问君子。子曰："君子不忧不惧。"曰："不忧不惧，斯谓之君子已乎？"子曰："内省不疚，夫何忧何惧？"（《论语·颜渊》）

司马牛问君子是什么样子，孔子回答："君子不忧愁，不畏惧。"这一回答无可厚非，因为孔子常常不是下定义，而是就某一特点来说的。问题出在司马牛的追问上："不忧愁不畏惧，就称得上君子了吗？"显然，司马牛怀疑把这个"不忧不惧"作为君子的标准。孔子回答则是君子为什么能够做到"何忧何惧"，因为他们"内省不疚"，没有回答司马牛的问题。司马牛还应该接着问："自己反省而问心无愧，就称得上君子了吗？"不知道是司马牛看到老师不耐烦，不敢往下问了呢，还是问了，而孔子的回答质量不高，后来孔子学院的弟子没有记载。

孔子有些时候的回答还有些张冠李戴，对牛弹琴，甚至牛头不对马嘴。

樊迟问仁，子曰："爱人。"问知，子曰："知人。"樊迟未达。子曰："举直错诸枉，能使枉者直。"樊迟退。(《论语·颜渊》)

孔子第一轮的答案不算跑题，但是有些过于简单，以至于樊迟理解起来有困难（未达）。孔子第二次的解释就有点儿张冠李戴，这是鲁哀公向孔子问政时的答案，请看：

哀公问曰："何为则民服？"孔子对曰："举直错诸枉，则民服；举枉错诸直，则民不服。"(《论语·为政》)

孔子的答案就是针对鲁哀公的问题："怎么做才能让老百姓信服？"孔子说："举用正直的人置于斜曲的人之上，百姓就会服从了；如果把斜曲的人置于正直的人之上，百姓就会不服。"孔子的话就是如何安排官员，显然与樊迟的问题对不上号。可见，因为经常有人问问题，孔子的脑子里已经有了一个问题库和答案库，有时候不免产生错配现象，把这个问题的答案用于另外一个问题。樊迟更是一头雾水，也不敢再往下问了,只好出去问他的同学子夏,子夏又云里雾里给他解释了一通。樊迟是个很认真的学生,凡事都要弄个明白,他一定很失望,否则就不会提出改学农业了。

通过以上的分析,我们知道,《论语》中记载的孔子并不像后世推崇的那样完美。其实,孔子也是人,他说过的一些貌似很有哲理的名言,用今天的眼光看,并不严谨。孔子的一些话看起来很有道理,甚至至理名言,但是认真想来,也是模棱两可。你把它倒过来说,一样有道理,一样像名言警句。比如下面这段话:

子曰:"知者乐水,仁者乐山;知者动,仁者静;知者乐,仁者寿。"(《论语·雍也》)

鲍鹏山先生这样解释道:"知者乐水",水流动而不板滞,随物赋形,无所不到,与智者对万物无所不知相似。"仁者乐山",山巍然屹立而不动摇,生长万物,庇护万物,与仁者博爱众生相似。

我把它颠倒过来说,一样精彩。模仿子贡、子张他们,我给自己起个临时的春秋名字"子石"。请欣赏我的名言:

子石曰:"知者乐山,仁者乐水;知者静,仁者动;知者寿,仁者乐。"

我的解释是:智者思考问题全面深刻,做事果断坚定,自信沉稳,就像大山那样可靠;仁者宽厚爱人,柔情似水,滋润万家,就像流水一样温柔。智者喜欢观察,一个人在那儿思考问题,所以显得很安静;而仁者关爱别人,帮助别人,问寒问暖,到处要走动走动,所以显得好动。智者按照规律办事,知道怎么养生,所以能够长寿;仁者喜欢帮助别人,别人也以同样的方式回报他,使他的生活当然充满着快乐。

两种说法,颠过来倒过去,没有任何优劣之分。所以理解孔子的话不应该太绝对。

　　孔子是一位智者、一位哲人，具有超人的洞察能力和概括能力，给我们留下了许许多多的名言警句，已经成为我们母语的一部分。这些名言警句是一种语言现象，使我们的表达具有内涵和文采；它们又是一种智慧，给我们以启迪，指导着我们的行为。

　　然而，瑕不掩瑜，《论语》虽然有一些表述存在瑕疵，后人也不必为圣人讳，牵强附会地作各种各样的曲解。这是一个具有健康思想的人应该有的态度。

孔子也记仇

在很多人的印象中,孔子似乎是一个道德的化身,他一生崇尚高尚的道德,追求完美的人格。也正是由于这种精神洁癖,使他在活着的时候面对功利的现实社会屡屡碰壁。如果把孔子仅仅理解成一个崇尚道德近乎迂腐的老夫子,或者理解为一个不食人间烟火的大圣人,则大错特错了。再完美无瑕的人,也难免要跟普通人打交道,要接受一些人的帮助或者恩惠,也可能与某些人产生矛盾。那么,我们的孔圣人是不是也遇到过这种情况,他又是如何处理这些人情关系呢?下面将揭开孔子人情世故的另一面。

孔子跟我们每一个人都一样,生活上也有不愉快的,也会跟人结疙瘩。孔子又跟一般人不一样,他有自己独特的方式来处理与这些有过节的人。

在处理有过节的人方面,孔子有个理论总纲。有人问孔子:"以德报怨,何如?"孔子回答:"何以报德?以直报怨,以德报德(《论语·宪问》)。"直,就是直接,不拐弯,你怎么对待我,我也就怎么对待你。这是儒家思想中有血性的地方。《老子》主张"报怨以德",孔子不赞成,因为这不仅是对不道德者的奖励,而且是对有德者的不公平。那么,人们自然会很感兴趣,孔子如何"以直报怨"。

与孔子有过节，或者让孔子吃过他们亏的主要有三个人：阳货、晏婴和子西。其他章节已经讨论了孔子与晏婴、子西的过节，下面着重讨论孔子与阳货的恩恩怨怨。

先看阳货。根据史书记载，阳货又名阳虎，春秋时鲁国人，鲁国大夫季平子的家臣。季氏曾几代掌握鲁国朝政，是鲁国最有影响力的权臣，而阳货又掌握着季氏的家政，自然是当时炙手可热的人物了。阳货后来通过发动政变而成为鲁国的实际掌权人，而此时的孔子又极其渴望出仕为官，实现自己的政治主张。既然阳货有心请孔子出来当官，孔子又为什么却表现得欲推还拒，扭扭捏捏呢？

孔子从小就对官场具有浓厚的兴趣。据《史记·孔子世家》，孔子十几岁的时候，他腰间还系着孝麻带守丧时（孔子要经），季孙氏举行宴会款待名士，孔子前往参加。季孙氏的家臣阳货阻挠说："季氏招待名士，没有请你啊。"孔子因此而退了回来。按照民间风俗，孔子显然违背了礼仪，不该戴孝去参加季孙氏的盛典。此外，他显然没有接到邀请函，是个不速之客。阳货是季孙氏的大管家，不让孔子参加宴会，是他的职责，不算有意刁难，与孔子应该没有什么成见。孔子这次的行为也无须人们去辩解，十几岁的孩子可能不懂这些老规矩，而且自制能力也有限，有时控制不住自己的好奇心也是可以理解的。

阳虎可能根本不记得曾经伤过一个十几岁的孩子，可是孔子不会忘记这次不愉快的经历。孔子三十而立，四十岁以后已经是一个文化名人。此时，季氏大权旁落，家臣阳虎弄事，掌握了人事权。孔子四十七岁那年，阳货想请孔子出来做事。《论语》中有一段精彩的描写：

阳货欲见孔子，孔子不见，归孔子豚。孔子时其亡也，而往拜之。（阳货想让孔子去拜见他，孔子不去见。他给孔子赠送了一只蒸熟的小猪。孔子暗中打听到阳货不在家，才假装去回拜他。）

遇诸涂。（两人却在路上遇见了。）

谓孔子曰："来！予与尔言。"曰："怀其宝而迷其邦，可谓仁乎？"（阳货对孔子说："过来！我跟你说。"孔子只好走过去，阳货说："把自己的才能藏起来，而听任国家迷乱，可以称为仁吗？"）

曰："不可。"（阳货接着说："不可以。"）

"好从事而亟失时，可谓知乎？"（阳货又说："喜欢参与政事而屡次错过机会，可以称为智吗？"）

曰："不可。"（阳货接着说："不可以。"）

"日月逝矣，岁不我与。"（阳货又说："时光流逝，年岁不等人啊！"）

孔子曰："诺。吾将仕矣。"（孔子说："好吧，我准备去做官了。"）（《论语·阳货》）

阳货并不是个粗人，你看他振振有词，咄咄逼人，句句在理，句句切中孔子的要害。可怜的孔子，只有唯唯诺诺的份了。

那么，孔子为什么这么矫情，是什么原因不愿意去见阳货？一般认为，阳货是孔子说的"陪臣执国命（由家臣来掌握国家的命运《论语·季氏》）"。我看不是，有一个明证。据《论语·阳货》和《史记·孔子世家》，时隔三年，公山弗扰召孔子去做官，孔子二话没说就答应了，不是子路竭力劝阻，孔子就任职去了。公山弗扰占据费城叛乱，是个典型的乱臣贼子，比阳货的性质更恶劣。那么，孔子不见阳货这件事，唯一的合理解释就是，孔子十几岁的时候与阳货的那次过节。事情已经过去三十多年了，孔子还记着这件事。

> 匡人解围
> 孔子去卫适陈过匡
> 阳虎尝暴於匡匡人
> 脱颜阳虎匡人拘围
> 五日孔子使人於宁
> 武子既而又不在为
> 李匡人其知孔子何匡
> 人曰吾初以为鲁之
> 阳虎也遂辞围

孔子和阳货确实很有缘分。孔子五十五岁那年，带一帮弟子周游列国，路过匡地，因为孔子长得像阳货，而阳货曾经残害过匡地的人，当地人误认孔子为阳货，就把孔子一行围困起来。这次也非常危险，五天五夜不让他们走，与弟子们也失散了。

孔子不想见阳货，可是人家送来一只蒸小猪作为见面礼，就相当于现在餐馆里的烤乳猪，应该很诱人，吊人胃口。孔子如果真不想见阳货，很简单，退回礼物。显然孔子是笑纳了蒸小猪，所以他必须回拜。既不想见阳货，又必须回拜人家，孔子想出一怪招：等阳货不在家的时候去拜望。结果，就出现了上面那个尴尬的场面，两人路上邂逅。即使在当时，大臣和国君送礼物也完全可以不收。比如子贡出使越国，越王赠送黄金百镒，宝剑一把，良矛二柄，子贡全部辞退，因为老师曾经交代过他"使于四方，不辱君命（《论语·子路》）"。

孔子在处理与阳货的关系上，并不是严格地遵守了自己所确定的以直报怨、以德报德的原则。那么，在《论语》的记载中，与孔子有过节的人，除了阳货，还有其他人吗？孔子对待他们，与自己所提倡的道德准则又是否言行合一呢？

孔子有时做事像小孩，既可爱，又可气，还不计后果。《论语·阳货》有下面一则有趣的记载：

孺悲欲见孔子，孔子辞以疾。将命者出户，取瑟而歌，使之闻之。

也不知道孺悲因为什么得罪了孔子，把孔子得罪得这么苦。其实，孺悲想见孔子，孔子推辞说有病，不见，双方都不失面子。然而孔子也够损的，却故意又弹又唱，让传话的人听到，使对方知道自己不屑于见他。孺悲该会是多么难受，多么尴尬！假如孺悲修养不太好，事情就会愈演愈烈，他也会想方设法报复孔子，让孔子难堪。站在孔子的角度说，有这种必要吗？

羞辱别人，自己可能得到一时的发泄，但是往往会把事情弄糟。有话好好说嘛！孔子自己不是说过"己所不欲，勿施于人（《论语·颜渊》）"，难道不能设身处地为孺悲想一想吗？

孔子周游列国，差点儿就在楚国发迹。孔子六十三岁那年，楚昭王厚礼邀请孔子，打算把七百里的书社封给孔子。令尹子西竭力阻挠，有的没的编排了一大通，最后事情没成。孔子对子西很不满，也就不愿意提这个人。请看：

或问子产。子曰："惠人也。"问子西。曰："彼哉！彼哉！"（《论语·宪问》）

有人问孔子，子产是怎么样的人，孔子说："是宽厚仁慈的人。"又问到子西，孔子只说："他呀！他呀！"什么具体内容都说不出来。孔子顶多如此而已，不会陷害别人，更不会骂脏话。孔子确实是个修养很高的人。

那么，孔子总是小心眼吗？也不是的。有时候也表现出了他的宽容、大度。

孔子讲的"以直报怨"的"直"，还可以理解为正直、公正。孔子说："君子不以言举人，不以人废言（《论语·卫灵公》）"。同时孔子还做到了不"因言废人"，不因某个人说了对他不利的话，而把这个人贬得一无是处。

应该说与孔子结梁子最大的是晏婴。孔子三十五岁那年到齐国求官，齐景公打算把尼溪田封给孔子。可是大臣晏婴东一个不是，西一个不是，把孔子说得一无是处，结果把事情给搅黄了。孔子虽然没有人事权，他却有话语权，然而他对晏婴的评价还是不错的：

子曰："晏平仲善与人交，久而敬之。"（《论语·公冶长》）

孔子也承认，晏婴善于与人交往，具有个人魅力，跟他打交道越久，人们就越尊敬他。晏婴虽然是当时齐国出色的政治家，但是借孔子之口而名声益彰。

与孔子有过节的人，孔子并不是简单地"以直报怨"，而是把他们区别对待。这从一定程度上说明了孔子也是懂得人情世故的人。那么，另一方面，孔子在对待与自己有恩惠的人的时候，是否也会随机应变，是否就做到了公正无私，以德报德呢？

上面谈的都是与孔子有过节者。那么有恩于孔子者，孔子是如何回报的呢？他也确实做到了"以德报德"。下面谈他与卫国蘧伯玉的交往。

蘧伯玉使者于孔子。孔子与之坐而问焉，曰："夫子何为？"对曰："夫子欲寡其过而未能也。"使者出。子曰："使乎！使乎！"（《论语·宪问》）

你看，孺悲和蘧伯玉都是派使人来见孔子，可是两者的待遇截然相反，一冷一暖，厚此薄彼。孔子先给蘧伯玉的使人让座，然后问蘧伯玉的近况如何，并以"夫子"相称，最后还连声说："真是一个好使者啊！真是一个好使者啊！"这是孔子在爱屋及乌。除了自己的父母国鲁国外，卫国是对孔子最好的诸侯国，孔子周游列国的第一站就是卫国，一到那里卫灵公就决定工资不变，给孔子跟他在鲁国一样的待遇，平调。他一不顺心就不辞而别，离开卫国，外边遇到麻烦就返回卫国，进出多次。

孔子在评价老朋友蘧伯玉的时候，自然是做到了以德报德，然而简单地去履行以德报德的行为准则，有时候又会影响一个人对事物的判断。从这一点来说，孔子的很多话并不是完全从事实出发，很多时候是带有人情的因素在里面。比如孔子与卫国的关系就是一个很好的例子。

卫国国君和大臣，似乎都在为孔子唱着一首歌，歌名就叫《卫国欢迎您》：

夫子啊夫子，

我家大门常打开，开放怀抱等您。

拥抱过就有了默契，您会爱上这里。

天大地大都是朋友，请不用客气。

卫国欢迎你，有梦想谁都了不起。

作为回报，孔子对卫国的评价也不低："鲁卫之政，兄弟也（《论语·子路》）。"孔子这句话孤零零的，不好理解。有一种解释是，鲁国和卫国的政治现状，就像一对难兄难弟。还有人从历史上来寻求解释：鲁国的先祖是周公姬旦，卫国的始封君是周公的弟弟康叔，所以，鲁卫是兄弟之国。然而有这种血缘关系的还有很多诸侯国，为什么孔子单单拿出鲁国和卫国来说事呢？我的理解是，在孔子看来，这两个国家的政治体制很相似，而且都对孔子不错。同时也意味着，孔子把卫国也看成自己的另一个父母之国。

那么，有两次孔子返回卫国，都是先住在蘧伯玉家。第一次是公元前496年，即见南子那次。第二次是公元前493年，孔子想去晋国没去成，返回卫国。可见，蘧伯玉是孔子的故友或者说至交。蘧伯玉这两次招待换来了他千古美名：

子曰："直哉史鱼！邦有道，如矢；邦无道，如矢。君子哉蘧伯玉！邦有道，则仕；邦无道，则可卷而怀之。"（《论语·卫灵公》）

孔子说："正直啊，史鱼！国家有道，他像箭一样直；国家无道，也像箭一样直。君子啊，蘧伯玉！国家有道时，出来做官；国家无道时，收起自己的才智隐居。"

鲍鹏山对此有个很有见地的看法。更受人尊敬，更值得提倡的应该是史鱼，因为只有像他那样具有抗争精神，具有直面黑暗毫不退缩的勇气，才能改变黑暗政治。而蘧伯玉的这种做法，是明哲保身，是典型的投机分子行为。但是非常奇怪，孔子把蘧伯玉称许为君子，而只用"直"这一单一品质来称许史鱼。虽然都是赞许，但是轻重有别。

如果考虑到孔子与蘧伯玉的私交，鲍先生的疑惑就可以解释。孔子也是个人，他品评人物时，不可能没有主观的因素掺杂其中。

孔子一生品评了很多人，基本做到了公允。但是，我们必须警觉，有些评论是否带有个人的主观因素，对于有过节的人，是否批评过了头？对于老朋友，是否夸得过了头？

世事洞明皆学问，人情练达即文章。孔子在人情世故上的很多做法，还远远没有被后世读书人看明白。下一章讲述孔子在处理与自己上级领导的关系上如何人情练达，他的一些做法又是否无可指责呢？

孔子也世故

在上一章中，我们看到，孔子并非一个完全清高迂腐的学者，很多时候他的表现与俗人没有什么两样，也懂得迎合奉承，并不总是像他自己说的那样，"以直报怨，以德报德"。那么，除了懂得通权达变，孔子在现实生活中还有什么世故的表现，是我们平时没有注意到的？他的这些看似媚俗的行为，又是基于怎样的处世哲理呢？

孔子一生议论了很多人，批评了很多人，但是他是有策略的，那就是"居是邑，不非其大夫（《荀子·子道》）"。用现在的话说，就是不议论顶头上司的是非。

这是孔子的生存之道。

孔子，一个文化名人，他的一言一行都会引起社会的广泛关注。但是这种行当也是有风险的，弄不好就会破坏自己的工作环境，甚至危及自己的身家性命。据《史记·孔子世家》，孔子年轻时与鲁南宫敬叔去周朝国都洛阳问礼，遇见老子，老子送了这位年轻人一句话："聪明深察而近于死者，好议人者也。"一个聪明且具有洞察力的人可能危及自己生命，因为他们看人看得清，好议论别人。孔子天资聪明，具有超人的洞察力，好议论别人是出于他的天性。

孔子听从了老子的告诫，采取了两个策略：对于鲁国的大夫和国君一概不议论；对于诸侯国的国君和大夫，在那里做官时不议论，离开后该说什么就说什么。这就相当于不少今天在海外工作的游子那样，总是手里拿着那本中国护照，不舍得放弃，因为他期望有朝一日还可能回国工作，或者落叶归根。孔子从来不放弃自己的鲁国护照，他生命的最后五年是在鲁国度过的，他的很多文化贡献都是这个时期完成的。

明白了孔子这些态度，才能准确地解读孔子的很多言行。这一点，不要说后世人很多不清楚，就是当时孔子的弟子也不全都了解，造成了不少交际的问题，甚至误解。

据《荀子·子道》记载，一次子路问孔子，"鲁国的大夫用白丝做床合乎礼节吗？"孔子回答说："我不知道。"子路很得意，以为终于把老师问住了，老师也有不知道的问题。子贡一听，马上知道问题所在，再去问孔子，这次不再提"鲁大夫"，孔子才说"这样做不合礼仪"。在理解孔子上，子路与子贡的差距可不是一两个档次。

冉有也知道老师"不议论顶头上司"这个原则。孔子六十三岁那年又回到卫国工作，当时卫出公继位，与其从外归来的父亲争夺王位。据《论语·述而》，冉有很想知道老师对他们父子的态度，但是知道直接问一定什么也问不出来，自己又想不出什么办法，就让子贡去问。子贡拐弯抹角，拿古代的贤人来问，终于问出了老师的态度。

有时候，孔子坚持这个不议论上司的原则，甚至到了是非不分的地步，以至引起别人怀疑孔子的道德评判标准。《论语·述而》有以下记载：

陈司败问："昭公知礼乎？"孔子曰："知礼。"孔子退，揖巫马期而进之，曰："吾闻君子不党，君子亦党乎？君取于吴为同姓，谓之吴孟子。君而知礼，孰不知

礼？"巫马期以告。子曰："丘也幸，苟有过，人必知之。"(《论语·述而》)

陈司败向孔子提出了一个非常敏感的话题："鲁昭公知礼吗？"陈司败可不是孔子的学生，孔子不吭声不对，说不知道也不对，因为此时不表态也等于表态，那就是"鲁昭公做错了事，我不便说"；那么直接说"鲁昭公不知礼"违背孔子的说话原则，甚至会堵了后路，只好硬着头皮违心说了一句："知礼。"

孔子出去以后，陈司败向孔子弟子巫马期作了一个揖，让他走到跟前，说："我听说君子是不偏袒别人的，难道君子也偏袒别人吗？鲁君从吴国娶了夫人，是同姓，为了遮丑，不敢叫她真姓名，只好称她为'吴孟子'。鲁君如果知礼，谁不知礼呢？"可见，陈司败对自己的问题早就有了答案，只是来检验一下孔子的是非标准而已。

孔子以讲礼仪而成名，这下被陈司败抓住了把柄。当巫马期把陈司败的话告诉孔子，孔子只好坦诚地说："我真幸运，假如有过错，人家一定会知道。"其实，孔子的错误是明知故犯的。

对家庭内部也是如此。孔子奉行"为长者讳"的原则，到了犯糊涂的地步。一次叶公跟孔子说："我那个地方有个正直的人，他的父亲偷了羊，他去告发了（吾党有直躬者，其父攘羊，而子证之《论语·子路》）。"偷东西可是个大是大非的道德问题，儿子大义灭亲，叶公可能期待孔子会大大称赞这个儿子，万万没有想到孔子是这样回答的："我那个地方的人跟你所讲的不一样，父亲为儿子隐瞒，儿子为父亲隐瞒，正直的品德就在其中了（吾党之直者异于是。父为子隐，子为父隐，直在其中矣）。"偷东西是犯罪，不告发是包庇罪，如果一起把羊都吃了，那叫分赃罪，孔子还认为这是"正直"。退一步，不告发，总还可以劝阻吧？不知孔子的观念哪个人哪个社会可以接受？

在孔子生命的最后十几年，为什么鲁哀公没有邀请孔子做官？这个问题似乎已成千古谜案，不过，从人之常情来分析，孔子没有批评过鲁哀公，并不代表他没有意见。这种暧昧的态度是不是基于明哲保身的处世原则，他的内心究竟有哪些真实的想法呢？

鲁哀公于公元前494年执政，孔子时年五十八岁。孔子生命最后的十六年，鲁国都是哀公执政，这期间孔子周游列国，鲁哀公并没有召孔子回来从政。孔子六十八岁那年（鲁哀公十一年）回到鲁国，也没有得到鲁哀公的任用，赋闲在家著书立说。鲁哀公也向孔子问过怎么搞政治，也问过弟子谁最好学之类的问题，但是就是没有想到满足一下孔子一辈子想做官的欲望。表面上看来，孔子没有对鲁哀公发表过任何议论，但是并不等于他心里没有怨言。孔子也不可能对鲁哀公没有怨言，不仅有，而且很深。这可以从孔子死后子贡的态度上看出来。

据《史记·孔子世家》，孔子去世时，鲁哀公为他作了一篇悼词说："老天爷不仁慈，不肯留下这位老人，使他扔下我，孤零零一人在位，我孤独而又伤痛。啊！多么痛！尼父啊，没有人可以作为我学习的楷模了！"鲁哀公这样说，也出于几分真情，因为他经常向孔子请教各种各样的问题，而且也非常关注孔子学院内部的事情。子贡说："鲁君他难道不能终老在鲁国吗？老师的话说：'法丧失就会昏乱，名分丧失就会产生过失。丧失了意志就会昏乱，失去所宜就会出现过错。'老师活着的时候不能用他，死了作祭文哀悼他，这是不合礼的。以诸侯身份称'余一人'，是不合名分的啊。"国君致悼词，子贡却按捺不住，痛斥了鲁哀公一番，可知他们平时是如何抱怨鲁哀公的。子贡这个人很有性格，能屈能伸，才不管什么"不议论当头上司"的原则。老师受了一辈子窝囊气，子贡要活得潇洒，活得精彩！

孔子把一腔对于鲁国执政者的怨恨都带进了坟墓，在他生前没有流露多少怨言。他对待自己祖国的领导人是如此，那么对待曾经工作过的其他国家的国君，孔子就没有这么客气了。接下来，让我们讲一些事情，来看孔子是如何世故，甚至势利的。

孔子对曾经拒绝过他工作的齐景公就不那么客气了：

齐景公有马千驷，死之日，民无德而称焉。伯夷叔齐饿于首阳之下，民到于今称之。其斯之谓与？（《论语·季氏》）

在孔子看来，齐景公只知道置家产，是个不称职的国君，以至老百姓都不知道"你到底好在哪里"，还不如有气节的伯夷、叔齐，老百姓至今还称颂他们。齐景公是不是真的这么差，还是孔子的评论带有个人的情绪？齐景公在位四十年，是齐国执政最长的国君之一，该有他的一些作为和能耐吧。

相比之下，卫灵公可真有点儿不值，他跟孔子亲密接触太多了，缺点暴露无遗，也有不少时候考虑不周到，招待不到位，惹孔子生气。有时候，一个人如果好人好事做得不彻底，还不如不做。特别是，跟名人打交道，一定要小心，他一句话不一定能让你青云直上，飞黄腾达，可是他一句话能让你身败名裂，遗臭万年。卫灵公这个"空（孔）心粉"，就是一个活教材。孔子对卫灵公的评价很不客气，直接以"无道"二字称之，比对齐景公的批评严厉多了：

子言卫灵公之无道也，康子曰："夫如是，奚而不

丧?"孔子曰:"仲叔圉治宾客,祝鮀治宗庙,王孙贾治军旅。夫如是,奚其丧?"(《论语·宪问》)

从时间上推算,这个对话显然是发生在孔子六十八岁回到鲁国以后。此时卫灵公已经死了好几年了,孔子估计自己再也不会回到卫国了,所以才可以放开胆子去评论。孔子说卫灵公昏庸无道,季康子显然有疑问:"卫灵公真的像您说得这么差,为什么还不失位置呢?"孔子的解释是:"有仲叔圉接待宾客办理外交,祝鮀主管祭祀,王孙贾统领军队。像这样有贤人辅佐,怎么会失位呢?"在孔子看来,卫国治理得不错,没卫灵公什么事,全是大臣的功劳。那么,我们就有一个问题,谁选拔的这些贤臣?能选拔贤臣,让他们各自发挥自己的长处,不正是一个国家领导人所要具备的最重要的素质吗?难道这个人非得同时具备外交才能、内政才能、军事才能吗?古今中外有这种全才吗?从卫灵公对待孔子的态度上,也可以看出卫灵公也是个识才、爱才之国君。

卫灵公是诸侯国中对孔子最好的国君。孔子周游列国第一站就是卫国,一到就以鲁国大司寇兼国相的级别给孔子薪水,他的夫人南子对孔子也很热情。孔子在周游列国期间,在卫国一不称心就不辞而别,在其他地方一不顺心就回到卫国,卫灵公对孔子不仅没有怨言,还都是张开双臂欢迎他。孔子那次著名的离开,就是卫灵公和南子同车让孔子随后招摇过市那次,孔子走时还说了一句很不客气的话,"吾未见好德如好色者也",这话就等于向全人类宣布"卫灵公是个好色之徒"。孔子在外边晃悠了三四年之后,又回到卫国,卫灵公不仅不计前嫌,而且"卫灵公闻孔子来,喜,郊迎(《史记·孔子世家》)",兴奋得跑到城外去迎接。尊重知识,尊重人才,卫灵公基本做到了。卫灵公真的是一个修养很好、宽容大度、爱才如命的国君。根据史料记载，卫灵公也没有什么大的劣迹，在中国历史上应该算是"可以"的那一类国君。

卫国治理得到底如何？孔子自己的第一观感最能说明问题。孔子一行离开鲁国，来到卫国。孔子坐在马车上，没有了繁缛的政务缠身，就有了琢磨周边环境的心思，一路上看到卫国的人口众多，不禁感叹道："人口真多呀（庶矣哉《论语·子路》）！"旁边赶马车的冉有问："人口多了，然后怎么对待他们？"孔子说："让他们富起来（富之）！"冉有接着问："他们富起来以后，又该怎么办？"孔子说："教育他们！"

要知道在春秋时期，可不像现在。搁现在，哪个地方人口太多，可能是计划生育工作没有抓好，上级要追究有关领导的责任。然而在那个时期，一个国家人口众多，是国君有德、政治清明的最可靠指标，自然也是最大的政绩，也是一个国家富强的必要条件，因为人力资源是社会发展的最重要的因素。孔子自己不也提倡，一个国家的国君应该讲修文德来吸引其他国家的老百姓来移民（则修文德以来之《论语·季氏》）。从孔子对卫国的第一观感可以推断，卫灵公不仅是"可以"，而且是"相当可以"。孔子周游列国时，首先选择了卫国，这不会是随便瞎碰的。他当初一定认为在卫灵公治理下的卫国，是实现他政治理想的最好平台。

所以，孔子以"无道"称卫灵公，我是觉得有些不太公平的。总结《史记·孔子世家》的记载，我套用"千不该万不该"这首流行歌，作为一个普通人，为卫灵公说几句公道话：

千不该万不该，你与美夫人南子同车招摇，让夫子座驾来随后；

千不该万不该，你向夫子来问阵，踏入了夫子的军事禁区；

千不该万不该，天上突然飞来一群大雁，让你与夫子说话时心都在雁；

千不该万不该，你要做孔（空）心粉，暴露自己的毛病给名人。

但是，换个角度来思维，卫灵公在中国历史上又是知名度最高的国君之一，这个知名度就是借助了孔子这个名人效应。《论语》二十篇，其中一篇就是以"卫灵公"命名的。也就像现在的文艺界的明星一样，寂寞是最可怕、最可悲的，过一阵子就制造了噱头、搞个绯闻，引起社会一阵轰动。卫灵公这个风流倜傥的国君，托孔子的福，也在中国历史上出了名，虽然出名的原因不那么好听。

赵本山、宋丹丹的小品里有这么一句台词："没有新闻的领导算不得好领导，没有绯闻的明星算不得大明星。"从这个角度看，卫灵公也算得上一个"好领导"、"大明星"了。相比之下，陈国、蔡国那撮儿小国的国君，谁知道他是王二麻子呀！卫国虽小，出名人哪！

对于已故的国君，孔子评价起来就毫无忌惮了，他说："晋文公谲而不正，齐桓公正而不谲（《论语·宪问》）。"就是说，晋文公诡诈而不正派，齐桓公正派而不诡诈。他们俩都是了不得的人物，都是春秋五霸。反正说什么，晋文公也听不到。孔子主要从道德上评判他们，他们的功过是非，还是让历史学家去评价吧。

孔子对国君的态度，是我们了解他的价值观念和言行的重要部分。

非常师生

孔子创办了中国历史上第一所真正意义的学校，我把它命名为"孔子学院"。人们会好奇：它是如何运作的？它的师生关系到底如何？

孔子学院有一种精神，是很令人赞叹的，那就是学生对老师的忠诚，或者说崇拜。被孔子骂过的、讽刺过的、贬过的学生很多，但是这些学生痴心不改，仍然对老师忠心耿耿，维护老师的形象，发展老师的理论。

司马迁在《史记·孔子世家》的最后有个感叹："天下君王至于贤人众矣，当时则荣，没则已焉。孔子布衣，传十余世，学者宗之。自天子王侯，中国言六艺者折中于夫子，可谓至圣矣！"孔子学院的凝聚力，远超过任何帝王，任何贤人，他们这些人在世的时候荣华富贵，高朋满座，但是树倒猢狲散，人走茶凉。然而孔子虽然是个布衣学者，他的名声和学说已经传了几十世，读书的人仍然崇他为宗师。用今天的眼光看，孔子的学说已经传了两千五百多年了，仍然深深地影响着每一个读书人。

那么孔子的魅力，孔子学院的凝聚力，到底来自何处呢？司马迁认为，来自于孔子的文化力量：从天子王侯一直到全国谈六艺的人，都把孔子的学说作为判断衡量的最高准则，可以说孔子是至高无上的圣人了。

对于孔子的弟子来说，还来自他的个人魅力和道德力量。孔子和弟子的关系，不是我们现在意义上的老师和弟子的关系，而是文化超男与粉丝的关系。我把孔子学院的学生称作"空心粉（孔心粉）"，卫灵公算是编外"空心粉"。由这个角度来观察孔子和弟子之间的言行，可以发现许多有趣的事情。

《论语·卫灵公》有这么一段记载：

子张问行。子曰："言忠信，行笃敬，虽蛮貊之邦行矣；言不忠信，行不笃敬，虽州里行乎哉？立，则见其参于前也；在舆，则见其倚于衡也。夫然后行！"子张书诸绅。

子张问如何才能处处行得通。孔子说："说话忠诚守信，行为敦厚恭敬，即使到遥远的边荒地区，也行得通。说话不忠诚守信，行为不忠厚恭敬，即使在本乡州里，能行得通吗？站着，仿佛看见'忠厚笃信'这几个字立在眼前；坐车，仿佛看见这几个字斜刻在车辕的横木上，这样就能处处行得通了。"子张把这几个字写在自己的衣带上。

孔子的话讲得真好，但是最雷人的是子张的举措，"子张书诸绅"。绅，古代士大夫系的大腰带子，是一个很重要的装饰品，就相当于穿西装时打的领带，跟现在的皮带不是一回事。我可以设想一下，一个学生问我问题，听了我的解释，马上解下领带，用黑色的钢笔把我的话记在领带上，那真是雷死人了！

孔子这次的回答也是少有的长，共48个字，那么子张的腰带肯定写满了。现在流行文化衫，上面写着各种各样的话，什么"烦着哪，别理我"。子张这属于自制的"文化腰带"。

子张的这个举措，让我起鸡皮疙瘩。这让我想起来一个日本电影。一个女影迷一次好不容易逮住她崇拜的男影星，一时找不到签名的本子，就把自己的裙子拉起，让男影星在自己大腿上签名。场面十分肉麻，十分火爆。影视界这种事情算不上是什么大新闻，然而教育界发生类似的事情，那可是古今中外罕见的头等新闻。

子张为什么会这样做？一方面，可能是作秀，向老师表忠心，尝试给老师留下深刻的印象。另一方面，就是孔子学院的氛围。孔子只是要子张把这几句记在心里，而没有让子张把它记在腰带上。孔子的反应，也很耐人寻味，他没有制止子张这样做，而是默许。

孔子学院已经形成了一个良好的师生氛围。就像现在我们写完信有一个问候语，诸如"此致敬礼"之类，每次听完老师的谆谆教诲以后，弟子们常说的一句话："某某虽不敏，请事斯语矣！"比如颜回问仁，老师回答完以后，颜回紧接着就说："回虽不敏，请事斯语矣（《论语·颜渊》）！"；冉雍问仁，听完老师的话，则表态："雍虽不敏，请事斯语矣（《论语·颜渊》）！"很简单，现成的格式，每次只用把名字换一下就行。"不敏"已成为现在书信的客套语。

当然，孔子天天听"不敏"、"不敏"，耳朵都起茧子了，神经也就麻木了，还会认为你这个学生是不是例行公事，怀疑你说的是不是真心话。所以聪明的子张要别出心裁，不能像那帮没有创意的师兄弟们，这才有了上面的举动。这一举动的效果一定不错，否则就不会记在惜墨如金的《论语》里，可见这是个具有轰动效应的大事。

就像今天的书信问候语有很多变化外，孔门弟子对老师的敬意也不是一成不变的。据《论语·述而》，孔子说："若圣与仁，则吾岂敢？抑为之不厌，诲人不倦，则可谓云尔已矣！"公西华马上表态："正唯弟子不能学也！"公西华的脑子很灵光，知道老师想听什么话。这个时候，如果哪个学生再说"某某虽不敏，请事斯语矣"，那就傻了，因为你要知道老师是在谦虚，你要找对自己的位置，别以为你什么都可以学。

有时候怎么对老师的话作出反应，难度是很大的。平时大都是学生问，孔子回答，一天孔子自己开了个话题："君子道者三，我无能焉：仁者不忧，知者不惑，勇者不惧（《论语·宪问》）。"老师在说君子的三个特点，而且明确讲出"我无能焉"。俗话说，锣鼓听音，说话听声，善解人意的子贡回答得很漂亮："老师说的就是自己呀（夫子自道也）！"这个马屁拍得恰到好处，一点儿也不做作。

弟子对孔子的恭维可以概括为三个层次：

第一层次，听了老师的话就去做，这是好学生。颜回和冉雍属于这一类，他们都是德行科的优秀生。

第二层次，以自己的无能衬托老师的有能。公西华是这一档次的。

第三层次，直接称赞老师的优点。只有子贡做得最好。

出于对老师的崇敬，不同的弟子采用不同的方式来博得老师的欢心，不过也有一些弟子并不懂得这套人情世故的学问，那么面对这样的弟子孔子又会如何表现呢？孔子学院的氛围还能够继续保持一团和气吗？

孔子在社会上到处碰壁，他的心情肯定不好，然而在自己的学生那里得到了巨大的安慰。我们要了解他这种心情，就可以理解他对提出不同意见的学生反应为何那么激烈。没有例外，只要学生提出不同的见解，孔子都没有好话，反应都十分强烈。让我们再重温几件事。

跟颜回他们相比，宰予、子路就是相反的一类人，他们不仅嘴巴不甜，从来没说"某虽不敏，请事斯语矣"之类的话，相反，还向老师提出不同的意见。

孔子主张父母去世服丧三年，宰予认为一年就够了，因为那样既影响精神文明建设，又影响物质文明建设。孔子一听就来情绪："于你心安吗（于汝安乎《史记·仲尼弟子列传》）？"宰予看到老师生气，不仅不知退让，还干干脆脆回答了一个字："安！"孔子的脾气就更大了："安你就去做吧（汝安则为之）！"宰予扭头就走了。孔子哪吃过这样的呛啊！后来就出现了孔子看到宰予白天睡觉那一幕，孔子骂道："朽木不可雕也，粪土之墙不可圬也，于予与何诛？"结果，宰予成了古今最著名的"垃圾"学生。

子路是个粗人，不知道恭维老师，也不愿意恭维老师。不仅如此，还嫌老师没把话说透，说完全，催老师继续往下说。一次子路问老师如何搞政治，孔子答道："自己先领头去干，再让老百姓干起来（先之，劳之《论语·子路》）。"子路则"请益"，让老师多说一些。孔子又补充了两个字："无倦。"就是说，永远别懈怠。

又有一次，子路向老师请教如何才能做到君子，孔子说了四个字："修己以敬（《论语·宪问》）。"子路很不耐烦："仅此而已吗（如斯而已乎）？"孔子又补充了一句："修己以安人。"子路又重复了一句："如斯而已乎？"子路对老师说话的不耐烦情绪跃然纸上。

显然，子路远不如颜回他们尊敬老师，起码形式上是如此。敢面对面直接批评孔子说话不对的只有子路一个人。孔子六十三岁那年，要重新回到卫国从政。因为机会不多了，子路就关心老师是否做好了准备，问："卫君让你从政，你将先从哪里着手（卫君待子而为政，子将奚先《论语·子路》）？"孔子答道："正名是当务之急（必也正名乎）！"子路很不客气地批评道："老师您怎么迂腐到这种天地！正什么正（有是哉，子之迂也！奚其正）？"孔子的回答很严厉："真是粗野啊，仲由！君子对自己所不知道的事情，一般总得抱着存疑的态度（野哉，由也！君子于其所不知，盖阙如也）。"把孔子的话说得直白一点儿，就是"你是一个粗野的小人"。

在弟子心目中，说孔子是个文化超男，还有些贬低了他。准确地说，孔子在弟子心目中是一个圣人、一个神人、一个自有人类以来最伟大的人物。孔子的伟大形象并不是后世宣传出来的，他在当时的弟子中已经拥有了。一次太宰问子贡："夫子是圣人吗？怎么这么多技能呢？"子贡回答说："固天纵之将圣，又多能也（《论语·子罕》）。"这是把孔子圣化，神化，他的才能是上天赋予的。宰予则说："以予观于夫子，贤于尧舜远矣（《孟子·公孙丑上》）。"有若干脆一步到位，把话说满："自生民以来，未有盛于孔子也（《孟子·公孙丑上》）。"

孔子学院学生的赤胆忠心，被骂被误解，痴心不改，再苦再累，永远跟随，就是来自这种对老师的崇拜。

孔子是一个人，有性格上的弱点，有控制不住自己情绪的时候，但是他的基本调子是对学生的关爱。孔子学院实际上是一所家庭化或者家族化的学校。弟子视孔子为父亲，孔子视弟子为儿子。颜回死时，孔子想按照自己儿子孔鲤的规格安葬，其他弟子坚持厚葬，孔子说了一句话："回也，视予犹父也，予不得视犹子也。非我也，夫二三子也（《论语·先进》）。"孔子去世后，弟子们行的是父子礼，为老师服丧三年，三年后告别时又痛哭一场，子贡在孔子坟旁建房又住了三年。给父母服丧三年，只是孔子自己提倡，当时社会并没有普遍执行。由此可见，弟子对孔子的感情超过了一般的父子之情。

东西方教育界、学术界的一个很大差别是，我们把教育和学术家庭化了。光从称谓上就可以看出来，师母，师兄，师弟，师姐，师妹，师爷，师叔，师侄，五花八门，背后就是一个儒家传统问题。这种观念，或者说组织，有它的好处，可以像一个家庭那样温暖，也可以像一个家庭内部那样，互相呵护，互相帮助，而且学术也可以像家庭那样延续、传承。但是我们必须看到它消极的一面，等级分明，不利于个性发展和自由创造，导致学术上的帮派之争。这些都是妨碍我们学术发展的地方。

孔子学院的凝聚力，来自孔子的个人魅力，包括道德上的和文化上的。

孔子学院代代传承的秘密，是把学校家庭化、家族化，就像一个宗族那样来运作学校。

音乐传情

孔子学院虽然是所政法大学，但是它从来没有忽略素质教育。它有两门素质教育课程：一是文学，主要教材就是《诗经》；二是音乐，主要是弹拨乐。校园始终飘扬着优美的乐声，即使在周游列国、吃不饱穿不暖的日子里，音乐也一直伴随着孔子的团队。

音乐是孔子生活中不可或缺的一部分，因此要全面了解这位伟人，就不能不谈音乐。

很多人可能都看过中央台的《实话实说》，是崔永元主持的。谈话节目确实有点儿闷，旁边就有个小型乐队，在谈话过渡期间，就有音乐响起，谈到激动人心处，就猛击一下锣鼓，把气氛推向高潮。效果确实不错。有人会说，这是借鉴国外的谈话节目，其实不然，它的创意可能来自孔子学院。

大家都记得《论语》中的那段精彩描写，孔子与四个弟子谈心，让他们说说自己的志向。子路和冉有一开口就是政治，公西华则谈祭祀，都不是太有趣的话题。这时候孔子问曾皙："阿点，你的志向如何（点，尔何如）？"我们看到了下面一幕：

鼓瑟希，铿尔，舍瑟而作。（《论语·先进》）

啊，别人在谈话的时候，原来曾皙一直在弹瑟呢。老师问到他时，还意犹未尽，逐渐放慢弹奏，最后还"铿"的一声才放下瑟，站起来跟老师说话。

　　这透露给我们一个重要的讯息，孔子谈话是在一个十分放松的情景下进行的。孔子学院的教学基本上是这种谈话方式，形式随便，大都是问答式的，而且还允许学生带乐器上课，别的学生谈论问题，没被问到的学生还可以弹奏音乐。曾皙并没有因弹瑟而思想开小差，还是认真听着其他同学的发言，所以孔子问他时，他才能回答："我的志向和他们三位不同（异乎三子者之撰）"。

　　现在大家都提倡寓教于乐，但是还没有听说过哪个学校允许学生上课带乐器弹奏的。如果上课过程中，有轻柔的音乐伴随，是否能够提高学生的学习效率，也许是一个值得研究的课题。我是听说，奶牛听音乐会增加产奶量，但是不知道学生上课听音乐是否会促进思考。其他几个人的话题都很沉重，而曾皙的志向却像音乐那样，轻柔美妙，他说，"暮春时节，春装已经做好，和五六个同龄人，加上六七个小朋友，到舞雩台上吹吹风，再一路唱着歌回来（莫春者，春服既成；冠者五六人，童子六七人，浴乎沂，风乎舞雩，咏而归）。"严格地说，这不是什么志向，而是一次春游计划，曾皙可能就是由音乐联想到的。曾皙本来这是跑题，但是却中了头彩，孔子长叹一声说："我赞成阿点啊（吾与点也）！"

　　现在的师范学院都有音乐系，一大早校园里就有练嗓子或者演奏音乐的声音。孔子学院里也是如此，到处可以听到音乐的声音。曾皙可能是比较有才华的那类，否则他弹瑟就像弹棉花，制造的全是噪音，同学们早提意见了。可是子路显然是缺乏艺术细胞，一次孔子忍不住这样说：

　　子曰："由之瑟，奚为于丘之门？"门人不敬子路。（《论语·先进》）

子路学习音乐是够卖力的，但是显然对自己的音乐水准缺乏认识，弹不好就找一个远一点儿的地方，偏偏还在老师的屋门口弹。结果，老师评价不高，同学们也不那么尊敬他了。由此可见，音乐是孔子学院的一门重要课程，成绩的好坏关系到一个学生的威信。

孔子三十五岁到齐国求官时，就是先从音乐上找突破口。据《论语·述而》，孔子在齐国听到《韶乐》，竟"三月不知肉味"，嘴上还说："不图为乐之至于斯也！"我的看法是，不要对孔子这句话看得太认真，因为孔子这时候还年轻，没有什么知名度，需要一些特殊的举动来引起社会关注，或者说制造轰动效应。能不能分清猪肉和萝卜的味道，只有孔子一人知道。而且这个实验是无法重复的，今天你让一个最优秀的音乐家听最美妙的音乐，看他能不能三天分不出金华火腿与上海小白菜的味道。我看很难找到这个人。

但是，孔子敢放出这话，他一定有很高深的音乐修养的。否则别人会问你，《韶乐》到底好在什么地方，让你乐到这种程度？孔子总得说出个道道来吧。孔子是有自己的见解的：子谓《韶》："尽美矣，又尽善也（《论语·八佾》）。""尽善尽美"这个成语就是出自这里。

根据《史记·孔子世家》，孔子学古琴于师襄子，态度非常认真。开始时，一连学了十天，也没增学新曲子。师襄子说："可以学些新曲了。"孔子说："我已经熟习乐曲了，但还没有熟练地掌握弹琴的技法。"过了些时候，师襄子又说："你已熟习弹琴的技法了，可以学些新曲子了。"孔子说："我还没有领会乐曲的意蕴呢。"又过了一段时间，师襄子又说："你已得到弹琴的意蕴了，可以学些新曲子了。"孔子说："我还没有体会出作曲者是怎样的一个人。"又过了些

学琴师襄

孔子学鼓琴师襄子，十日不进。师襄子曰："可以益矣。"孔子曰："丘已习其曲矣，未得其数也。"有闲，曰："已习其数，可以益矣。"孔子曰："丘未得其志也。"有闲，曰："已习其志，可以益矣。"孔子曰："丘未得其为人也。"有闲，有所穆然深思焉，有所怡然高望而远志焉。曰："丘得其为人，黯然而黑，几然而长，眼如望羊，如王四国，非文王其谁能为此也！"

时候，孔子肃穆沉静，深思着什么，接着又心旷神怡，显出志向远大的样子，说道："我体会出作曲者是个什么样的人了，他的肤色黝黑，身材高大，目光明亮而深邃，好像一个统治四方侯的王者，除了周文王又有谁能够如此呢！"师襄子恭敬地离开席位给孔子拜了两拜，说："我老师原来说过，这是《文王操》呀。"（孔子学鼓琴师襄子，十日不进。师襄子曰："可以益矣。"孔子曰："丘已习其曲矣，未得其数也。"有闲，曰："已习其数，可以益矣。"孔子曰："丘未得其志也。"有闲，曰："已习其志，可以益矣。"孔子曰："丘未得其为人也。"有闲，有所穆然深思焉，有所怡然高望而远志焉。曰："丘得其为人，黯然而黑，几然而长，眼如望羊，如王四国，非文王其谁能为此也！"师襄子辟席再拜，曰："师盖云文王操也。"《史记·孔子世家》）

孔子的音乐悟性很好，追求很高，达到的境界也不同凡响，以至让老师都佩服得手足无措。

孔子在音乐上的造诣恐怕已经达到了泰斗级的水准。有一次他告诉鲁国主管音乐的官员说："音乐是可以理解的：开始时，热烈地奏起；整个乐章展开时，主旋律纯一和谐，清晰突出，然后回旋往复，余音袅袅，直到曲终（乐其可知也：始作，翕如也；从之，纯如也，皦如也，绎如也，以成《论语·八佾》）。"孔子这是从众多的乐曲中概括出的规律，做到这一点很不容易，既要有良好的音乐修养，又要具备超人的乐感。而且孔子不是对着自己的学生在上课，他是对音乐家说这番话的，也可见他对自己音乐修养的自信。这让我想起姜昆和唐杰忠合说的一个经典相声《学唱歌》，他们从蒋大为《在那桃花盛开的地方》、河北民歌《小白菜》等众多歌曲中，概括出一条规律，这些歌的旋律都是从低往上爬，到了最高音又滑下来，落地前再翻两个跟头，然后平缓进行……特佩服姜昆，他太有才了！可是姜昆毕竟是以说唱为生的，琢磨这些东西是职业习惯，而我们的夫子是个教育家、政治家，能发现这样的音乐规律，更加难能可贵。

除了弹拨乐器外，孔子还酷爱歌唱艺术。孔子同别人一起唱歌，如果认为别人唱得好，就一定让他再唱一遍，然后自己再跟着他唱（子与人歌而善，必使反之，而后和之《论语·述而》）。孔子实际上是一个非常非常活泼可爱的人，跟我们后世所想象的老夫子形象大相径庭。这从一个侧面反映出孔子的学习态度，发现差距，然后虚心向人家学习。

唱歌成了孔子生活中的必不可少的一部分。据《论语·述而》，孔子在有丧事的人旁边吃饭，未曾吃饱过。他在那一天吊丧哭过，就不再唱歌了（子食于有丧者之侧，未尝饱也。子于是日哭，则不歌）。孔子是个典型的性情中人，他不仅有常人的喜怒哀乐，而且比常人更明确、更丰富，要么哭，要么唱，不会让生活变得平淡乏味。

音乐不仅仅是个人的修养和爱好，它是孔子德化政治的重要手段。孔子的学生子游做了武城的行政长官，孔子来视察工作，老远就有音乐飘过来：

子之武城，闻弦歌之声。夫子莞尔而笑曰："割鸡焉用牛刀？"子游对曰："昔者偃也闻诸夫子曰：'君子学道则爱人；小人学道则易使也。'"孔子说："二三子！偃之言是也。前言戏之耳！"（《论语·阳货》）

音乐是用来教化一个国家的，子游则用于武城这个小地方，所以孔子才说"割鸡焉用牛刀"。子游认真了，地方虽小，治理的理念却不应该不同。孔子赶快打圆场，前面是开玩笑，子游的话是对的。学生比老师还要较真儿。

音乐也是孔子诉说心事的方式。孔子在卫国击磬，"说尽心中无限事"，社会无道，人事沧桑，世道艰难，官场失意，都尽在磬声中：

子击磬于卫。有荷蒉而过孔氏之门者，曰："有心哉！击磬乎！"既而曰："鄙哉！硁硁乎！莫己知也，斯己而已矣。深则厉，浅则揭。"子曰："果哉！末之难矣。"（《论语·宪问》）

那位挑着草筐的老农就听懂了孔子的音乐："有心思啊，这样敲磬。"这位老农又听了一会儿说："鄙陋啊，那硁硁的声音，好像在说没有人了解自己啊！既然没有人了解，那就算了。水深，就穿着衣服游过去；水浅，就撩起衣服趟过去。"老农的话中有话，你不能与时俱进，老跟现实过不去，不能根据现实情况来调整自己的理论，光在那里幽怨有什么用呢？孔子说："他说得倒很干脆，不那样坚持自己（放弃自己的理念）也很难呀！"孔子是曾经说过"人不知而不愠，不亦君子乎（《论语·学而》）"、"君子病无能焉，不病人之不己知也（《论语·卫灵公》）"这类的话，然而要做到这一点并不容易，所以只有君子才能做到。一时做到了，也不见得永远能够做到。有一次孔子在自己的学生子贡面前就忍不住吐露真情："莫我知也夫（《论语·宪问》）！"那种不为人知的苦闷溢于言表。

音乐也是孔子的精神支柱。孔子一行在陈蔡之间被围困，不得行，粮食也吃光了。学生们都饿得站都站不起来，孔子却"讲诵弦歌不衰"。这是一种什么样的精神，这是一种什么样的力量！你看，子路生气了，子贡发火了，夫子却是那样地镇定，那样地从容，不能不令人肃然起敬。

孔子还给《诗经》三百零五篇全部谱了曲，都能演奏歌唱，以求合于《韶》、《武》、《雅》、《颂》这些乐曲的音调。可惜，孔子谱的曲我们已经无法看到了，否则那也是一份珍贵的文化遗产。

孔子是个音乐家，既是个歌手，又是个诗人。在离开人世的前七天，子贡来看他，他是以歌声表达自己的遗憾，唱完这首歌，老泪纵横：

孔子因叹，歌曰："太山坏乎！梁柱摧乎！哲人萎乎！"因以涕下。（《史记·孔子世家》）

孔子能弹，能唱，能哭，能笑，多才多艺，情感丰富。

他永远不会被人们忘怀！

隐士为何骂孔子

在前面两讲中我们谈到，孔子并非一个完全清高迂腐的学者，很多时候他的表现与俗人没有什么两样，也懂得迎合奉承，明哲保身。于是，在孔子的时代，有这样一群人，对孔子始终抱着批评的态度。他们要么当面指责孔子，要么背后讽刺孔子，不过奇怪的是，孔子对这些批评不但不生气，反而表现得非常虚心。

这群人有一个共同的名字——隐士。

那么这些隐士到底是些什么样的高人，在他们看来，孔子又做错了什么呢？

距离产生美。隐士是一帮与当时的社会拉开一定距离的人，他们看问题也许看得更清楚，虽然不一定全对，但起码与众不同。那么，他们是如何看待孔子的呢？

先看隐士的领袖老子如何看待孔子的。

鲁国人南宫敬叔要到周朝国都洛阳问礼，向鲁昭公说："请让我跟孔子一起去。"确切时间已经难考。南宫敬叔是孔子最早的一批学生，他与鲁大夫孟厘子的儿子懿子是孔子最早的两个学生，都是来学礼的，此时孔子三十四岁。孟厘子患重病快要死的时候，告诫他的儿子懿子说："孔丘是圣人的后代。我听说圣人的后代，虽不一定做国君执政，但必定会有才德显达的人出现。如今孔子年少而好礼，他不就是才德显达的人吗？如果我死了，你一定要以他为师。"孔子出身名贵，十几岁就以习礼知礼闻名，这是他后来发展的资本和基础。因为这次的使命是问礼，孔子又是南宫敬叔学礼的老师，再好不过的人选了。

据说孔子这一次在洛阳见到了老子，司马迁用了"盖见老子云（《史记·孔子世家》）"，语气相当不确定，可见他也拿不准孔子是否真见到了老子。临走的时候，老子送孔子如下忠告：

吾闻富贵者送人以财，仁人者送人以言。吾不能富贵，窃仁人之号，送子以言，曰："聪明深察而近于死者，好议人者也。博辩广大危其身者，发人之恶者也。"为人子者毋以有己，为人臣者毋以有己。（《史记·孔子世家》）

孔子这次周朝之行，大大提高了知名度。当时的洛阳是政治文化的中心，各诸侯国人民向往的地方，而且孔子还见到了老子这样的名人，这样孔子一下子镀了好几层金。孔子从周国回到洛阳之后，跟从他学习的弟子就渐渐多起来了（孔子自周反于鲁，弟子稍益进焉《史记·孔子世家》），因为孔子是留过学的教授啊！

不管上面的话是不是老子说的，但是确实说中孔子的特点。孔子确实聪明、深察、博辩、广大，他做的两件事情就是，一"好议人"，二"发人之恶"。老子忠告孔子："做子女的忘掉自己而心想父母，做臣下的要忘掉自己而心存君主（为人子者毋以有己，为人臣者毋以有己）。"这一点，孔子并没做到，他推广的是自己的价值观念，执行的是自己的治国理念，他希望那些国君们都按照他的意志去做。结果就像老子所预测的那样，多次"近于死者"，多次"危其身"。

你看，在宋国遭到司马桓魋的追杀，把孔子和他的弟子在下习礼的大树都砍掉了。在陈、蔡之间被围困，缺粮断水，弟子们都饿得站都站不起来了。来到匡地，又遭围攻。路过蒲地，又陷于难。到齐国求官，那里的大臣要谋害他。在卫国任职，也有人向卫灵公说他坏话，以至被监视起来。

老子对孔子的评价，用现在的话来说，有点儿像"性格决定命运"。孔子一生有这么多磨难，恐怕与他"好议人"和"发人之恶"的性格不无关系。

孔子一年到头东跑西颠，到这里求官，到那里推销自己，嘴上还说"假如有人用我，一年初见成效，三年大见成效（苟有用我者，期月而已可也，三年有成《论语·子路》）"。这给别人的观感并不好，因为看起来缺乏忠诚。晏婴劝阻齐景公用孔子，其中一个理由就是："他们四处游说乞求官禄，不能用他们来治理国家（游说乞贷，不可以为国《史记·孔子世家》）。"孔子最反对花言巧语的佞者，可是他很容易被人看成这一类人。微生亩就对孔子说："孔丘啊，你为什么这样忙碌不安到处游说呢？岂不是花言巧语来卖弄口才吗（丘何为是栖栖者与？无乃为佞乎《论语·宪问》）？"这话够直了，够不客气了。孔子自然委屈，解释道："我不敢卖弄口才，而是厌恨那些固执的人（非敢为佞也，疾固也）。"

如果说孔子改造社会的政治理想不被世俗之人所理解，是燕雀安知鸿鹄之志，那么，不被高深莫测的隐士看好，又是什么原因呢？孔子到底遭遇了隐士们的哪些批评？

有些清高之士，自认为看破红尘，看到孔子到处碰壁，那么多苦闷，也觉得孔子是在自己跟自己过不去，自寻烦恼。据《论语·宪问》，一位挑着草筐的老农听到孔子击磬，说道：

"有心思啊,这样敲磬。鄙陋啊,那硁硁的声音,好像在说没有人了解自己啊!既然没有人了解,那就算了。'水深,就穿着衣服游过去;水浅,就撩起衣服趟过去'。"老农的话中有话,你不能与时俱进,不能根据现实情况来调整自己的理论,光在那里幽怨有什么用呢?这位老农也不是个凡人,能听懂音乐,引经据典,算是民间知识分子。他的看法不无道理,代表当时一部分人对孔子的看法。

还有一些人,不仅看不惯孔子的做法,理都不想搭理孔子,在他们看来,孔子大概属于那种不可救药的了。

据《论语·微子》,孔子来到楚国,路上碰见一个疯疯癫癫的人:

楚狂接舆歌而过孔子曰:"凤兮!凤兮!何德之衰?往者不可谏,来者犹可追。已而!已而!今之从政者殆而!"孔子下,欲与之言。趋而辟之,不得与之言。(《论语·微子》)

接,迎;舆,车。"接舆"并不是一个真实的名字,就是迎着车而过。这个楚国的狂人唱着歌从孔子的车旁经过,他唱道:"凤凰呀!凤凰呀!为何德性这么衰败?你过去做过的事情不能改变,将来的事情还是来得及更弦易辙的。算了吧,算了吧,如今从政的人危险啊。"这个狂人其实脑子比谁都清醒,现在这个无道的社会谁也没办法,政治已经黑暗到无法救药的地步,你孔子忙着求官,不就是想跟他们同流合污吗?你提倡的高尚的道德哪里去了?

孔子一听就知道这是一个高人,赶紧下车想跟他谈谈。那个人却快步走开了。孔子对社会现状不满,他不放弃,他要去改变;狂人对孔子所作所为不以为然,但他放弃了孔子,他认定了孔子就是"知不可而为之(《论语·宪问》)"之人。

其实，这些隐士真正体现了孔子所提倡的君子精神，而孔子自我的言行却陷入了严重的自相矛盾之中。所以不难理解，这些隐士认为自己相对于孔子具有道德的优势，所以他们回避孔子，不理睬孔子，看不惯孔子，也看不起孔子。

孔子不是说过这样的话吗？"如果国家有道，就出来做官拿俸禄；如果国家无道，再做官拿俸禄，就是羞耻的（**邦有道，谷；邦无道，谷，耻也《论语·宪问》**）。"现在是典型的无道社会，有官的本应该辞去不做，孔子你这个没官的却在那里忙忙碌碌到处求官做，那么让这帮隐士看来，"你这不是羞耻是什么，那简直就是恬不知耻！"

孔子也称赞过蘧伯玉："君子啊，蘧伯玉！国家有道时，出来做官；国家无道时，收起自己的才智隐居（**君子哉蘧伯玉！邦有道，则仕；邦无道，则可卷而怀之《论语·卫灵公》**）。"别人就会问：人家蘧伯玉能够做得到，为何你孔子自己做不到？

孔子自己也清楚，自己与这些隐士相比，道德上不占优势，自己的形象并不那么光辉。《论语·微子》有一个非常有趣的细节描写：长沮、桀溺耦而耕，孔子过之，使子路问津焉。孔子经过了这两个并立耕作的农民，为什么他自己不去问津呢？《史记·孔子世家》给出了答案，"孔子以为隐者"，啊，原来孔子看出来他们两个是隐士，自然就知道人家对自己的态度了。

结果，孔子让子路去问津。这两个农民也觉察到刚才过去的那位驾马车者不是一般人物，长沮就问子路"那个驾车的人是谁？"子路说："是孔丘。"又问："是鲁国的孔丘吗？"子路说："对。" 长沮也真损，说："他自己该知道渡口在哪里。"你说，人家问路，你不告诉人家就算了，还把人家折腾这么一大通。长沮的话，话里有话，而且话说得还很艺术，用的是双关："你鲁孔丘不是到处要为人指点迷津吗？既然你已经知道天下的'渡口'在哪里，那么自然知道怎么过这个小溪流的渡口啦。"长沮的话真是气死人！要不是在异国他乡，人生地不熟，子路的脾气也许没有那么好。可见，在长沮这些人看来，孔子才是个真正迷失方向的人，他根本不知道社会的病症何在，开的那个药方也根本不管用。

受了长沮的一番奚落，桀溺又上来问子路："你是谁？"子路回答："我是仲由。"桀溺又问："是孔丘的弟子吧？"子路回答："是。"桀溺就发表了自己的政治高见："天下都一样纷乱无道，你们跟谁一起去改变这种现状的？你与其跟随孔丘那种避人的人，还不如跟随我们这些避世的人呢（悠悠者天下皆是也，而谁以易之？且与其从辟人之士，岂若从辟世之士哉《论语·微子》）？"桀溺一边说，一边还不停地翻土覆盖播下的种子（耰而不辍）。那意思就是说，听不听由你，我们得干活呢，可没有闲工夫跟你磨嘴皮子。

特别值得注意的是桀溺的一个说法，自认为他们这些隐士为"辟世之士"，而孔子却是个"辟人之士"。用现在的话说，孔子就是"自绝于人民"。这话也有几分道理，孔子的理论主要是为当政者服务的，不大顾及普通老百姓。

子路啥也没问出来，碰了这一鼻子灰，回来把情况向老师汇报了。孔子听了也茫然若失，叹息道："人是不能与鸟兽生活在一起的，我不同这世上的人在一起，还同什么在一起呢？假若天下有道，我孔丘就不会来改变它了（鸟兽不可与同群，吾非斯人之徒与而谁与？天下有道，丘不与易也《论语·微子》）。"

这次邂逅，实际上就是孔子与隐士的一场辩论，辩论的题目为："天下无道时，我们该怎么样？"孔子的答案是，我们要努力改变它，即使有困难也不能放弃。长沮、桀溺他们的答案是：洁身自好，保护自己的清誉，离开它，抛弃它，看着它一天天地烂下去。

也就是说，隐士们代表的是一种出世的价值观，也就是身处乱世，个人应该洁身自好，那么，孔子代表的则是乱世中激流勇进的入世的价值观。隐士与孔子的碰撞，实际上是两种处世哲学的辩论。

孔子的伟大之处就在这里，后世人对他的敬仰也在这里。鲍鹏山先生这样评价道：正是这种精神，使孔子有别于一般的哲学家、思想家，更像一位伟大的宗教领袖，是基督、佛陀一类的伟大人物！

孔子这个流浪团体在当时应该是闻名遐迩的。这可以从下面《论语·宪问》一则事情中看出来。

子路在石门住了一夜（子路宿于石门）。

早晨负责开城门的人问:"从哪里来?"(晨门曰:"奚自?")

子路说:"从孔氏那里。"(子路曰:"自孔氏。")

开城门的人说:"就是那个明知不会成功而要坚持去做的孔氏吗?"(曰:"是知其不可而为之者与?")

由此可见,连开城门这样的普通老百姓都知道,目前有一个国际流浪团伙,团长就是姓孔的,绰号就是"是知其不可而为之者"。这一称呼不无讽刺挖苦之意,然而恰好让后人多了一分对孔子的敬意。

你说这子路,也算得上古今最实诚的人了。明知自己老师这块牌子在社会上并不响亮,更吃不开,问路人家不告诉,还讽刺挖苦教训你一顿,还偏要去提自己老师的名字,也不知道变通一下。这也是子路的可爱之处。

当时这些隐士们对孔子和子路区别对待,前面提到的桀溺还劝子路加入他们的行列。下面《论语·微子》这则事件更说明子路在这些人的心目中还是可以接纳的。

子路跟随孔子周游列国,掉队了。遇上一位老人,用木杖挑着除草的农具。(子路从而后,遇丈人,以杖荷蓧。)

子路问:"您看见我的老师了吗?"(子路问曰:"子见夫子乎?")

老人说:"四体不勤,五谷不分。谁是老师?"把木杖插在地上开始除草。(丈人曰:"四体不勤,五谷不分,孰为夫子?"植其杖而芸。)

子路拱手站在一旁。(子路拱而立。)

老人留子路住下,杀鸡、做黍米饭给子路吃。(止子路宿,杀鸡为黍而食之,见其二子焉。)

第二天,子路赶上了孔子,把这件事告诉了孔子。(明曰，子路行以告。）

孔子说："这是隐士啊。"让子路回去看老人。子路到了那里，老人却走开了。（子曰："隐者也。"使子路反见之。至则行矣。）

这位老农民对孔子的评价就更低了，连他老师的资格都不承认。樊迟要学农业，孔子骂他为小人。从这位老人的态度上可以看出，这话恐怕已经在社会上传开了，所以他们都对孔子有那么大的情绪。显然这位老人是很喜欢子路的，让他住下，把家里最好的东西拿来让他吃，还让孩子来见他。

为什么孔子和子路的形象在社会上形成这么大的反差呢？从子路一路走来的言行上看，就不难理解这一点，别都以为子路是个粗人，他很多地方也有自己的深刻见解。

其一，子路是很重视社会实践的。子路让子羔做费城的总管，孔子认为这是害了人家的子弟，子路则说："有老百姓在，有国家在，（可以向他们学习），难道只有读书才叫学习（有民人焉，有社稷焉。何必读书，然后为学《论语·先进》）？"

其二，子路敢说出老师的理论迂腐，不合时宜。据《论语·子路》，孔子要到卫国去从政，问孔子先从哪里着手，孔子回答："必也正名乎！"子路的话比那些隐者还尖刻："夫子竟迂腐到这种地步！正什么正（有是哉，子之迂也！奚其正）？"

其三，子路最有反省精神，直接怀疑孔子的理论。在陈蔡之间被围困时，孔子问子路"是不是我的理论错了，怎么落到这步田地？"子路毫不客气："有可能我们不够仁德，所以人家不相信我们；有可能我们不够有智慧，所以人家不执行我们的理论（意者吾未仁邪？人之不我信也。意者吾未知邪？人之不我行也《史记·孔子世家》）。"

这样我们就可以明白，为什么每次都是让子路去问路的，因为子路的大众形象好，各个阶层的人都能接受他。按理说，子路比子贡的说话能力差远了，子贡也在流浪的队伍中，但是子贡这个孔子理论的代言人，不喜欢孔子的人一样会不喜欢子贡。《史记·仲尼弟子列传》讲，"子路喜从游，遇长沮、桀溺、荷蓧丈人"。也许并不仅是子路自己"喜从游"，而是孔子很喜欢带这个徒弟，一方面身强力壮，可以做保镖，另一方面社会形象好，可以打探问路。

子路也是个明大义、知大礼之人。子路又回来看那位荷蓧老人，可是那位老者已经走开了，子路就发表了一通非常有水平的议论：

不出来做官是不义的。（您让孩子出来见我，我看您家的长幼之间很有规矩。）长幼之间的礼节不可废弃，君臣之间的名分为什么就废弃了呢？您想洁身自好，却乱了君臣之间大的伦理关系。君子之所以要从政做官，是为了推行仁义（而不是为个人富贵）。至于我们的道行不通，这我们早就知道了（不仕无义。长幼之节，不可废也；君臣之义，如之何其废之？欲洁其身，而乱大伦。君子之仕也，行其义也。道之不行，已知之矣《论语·微子》）。

子路这段话讲得振振有词，大义凛然，实在精彩，一语道破隐士的特点：洁身自好，而乱君臣之大义。同时也告诉他们，我们并不是为了追求个人的荣华富贵，而是为了行大义。这是子路说的最漂亮一段话，也为孔子出了一口窝囊气。

子路这段辩护远比孔子对长沮、桀溺那段有力得多。孔子那段自我辩护显得软弱无力，只是说我总不能跟鸟兽生活在一起吧，天下有道的话，我就不会出来改变它了。子路不仅成功地为自己辩护，还反戈一击，正中这些隐士的命门。

> 子路不仅成功地为自己辩护，还反戈一击，正中这些隐士的命门。

应该说，隐士这个群体在中国历代文献中总是带有某种道德的优越感，而像孔子这种想积极改造社会的人，在现实中又总是碰壁，遭受世外高人的耻笑。孰是孰非，姑且不作评价。

概括起来，老子、隐士以及普通民众对孔子的评价如下：

一、好议人，发人之恶。

二、不识时务，不能与时俱进。

三、到处求官觅爵，品德不高。

四、避人之士。

五、知其不可而为之者。

仁者见仁，智者见智。任何事情都有它的两个方面，从一个方面看，可能是消极的、不好的，但是从另外一个方面看，这也正是值得后人尊敬的地方。

基于不同的处世立场，隐士们对孔子的挖苦和嘲讽，有失公平，但是奇怪的是，孔子对隐士总是心怀敬意，认为隐士是道德最为高尚的君子，甘心把自己划为层次较低的贤士。孔子一面尊崇隐士们隐居避世的生活态度，一面却四处奔波，宣传自己的政见理想。这种自相矛盾的表现究竟隐藏着孔子怎样的情节，在他的内心深处到底想过一个什么样的生活呢？请看下一章《孔子为何敬隐士》。

孔子为何敬隐士

按照孔子的思想，他本来也应该成为一个隐士的。

我们已经谈过，与孔子同时代的许多隐士都对孔子持批评的态度。在这些批评声中，孔子似乎就是一个充满缺点而又执迷不悟，到处求官而又徒劳无益的庸俗之人。虽然客观地看，隐士和孔子代表的是不同的处世价值观，但令人疑惑的是，面对隐士们这样毫不留情的讽刺挖苦，孔子非但不生气，反而对之大加赞赏。难道他真的认为自己错了吗？对于一个理论完备、内心坚强的哲人，这种异常的举动应该如何解读呢？孔子这种反常的表现背后，到底隐藏着他内心深处的什么秘密呢？

对于隐士，孔子理解他们，尊重他们。他到周朝问礼，专程拜访了老子。老子虽然自己不是严格意义上的隐士，但是他代表隐士，是隐士的思想家；在楚国遇到的那个狂人，话带讥讽，孔子还连忙下车去见他；子路遇到的那个老人，孔子还让子路回去看望，也说明孔子想听一听这些隐士的高见。不像子路，孔子没说过任何有伤这些隐士的话。这说明孔子对他们是心存敬意的。

按照孔子的思想，他本来也应该成为一个隐士的。他发表了很多称赞隐士、提倡隐士的高见。

孔子赞过蘧伯玉为君子，蘧伯玉不就是国家有道时，出来做官；国家无道时，收起自己的才智隐居吗？相对地，孔子对那些不管社会有道无道都出来讨生活的人评价并不高。就在称赞蘧伯玉的同时，也对史鱼有个评价："正直啊，史鱼！国家有道，他像箭一样直；国家无道，也像箭一样直（*直哉史鱼！邦有道，如矢；邦无道，如矢。君子哉蘧伯玉！邦有道，则仕；邦无道，则可卷而怀之*《论语·卫灵公》）！"孔子把蘧伯玉称许为君子，而只用"直"这一单一品质来称许史鱼。虽然都是赞许，但是轻重有别。我在另一讲中曾经推测，孔子这种评价有点儿人情因素，因为他两次到卫国都是住在蘧伯玉家。换个角度看，孔子称赞蘧伯玉的深层原因，也许是他的隐士思想。这两种说法是兼容的，因为他有隐士思想，本来就赞许蘧伯玉这种人，所以他乐意与蘧伯玉交朋友；因为趣味相投，蘧伯玉也乐意招待他。

孔子又把人分四等：*贤者辟世，其次辟地，其次辟色，其次辟言*（《论语·宪问》）。在孔子看来，贤人避开社会而隐居，其次是避开到别的地方去，再次是避开别人难看的脸色，最后是避开难听的恶言。那帮隐士不正是"避世"之人吗？他们自然属于贤人。

孔子只做到了后边较低层次的贤人。孔子第一次离开卫国，就是因为有人向卫灵公进谗言，以至卫灵公不信任他，这叫"*辟言*"；孔子再次离开卫国，就是因为卫灵公跟他说话的时候，望着天上的大雁，不把孔子放在眼里，这叫"*辟色*"；孔子后来离开陈国，因为那里连年战乱，已成为"危邦"，这叫"*辟地*"。孔子一辈子都没有达到最高层次的"贤人"，因为没有"*辟世*"。

孔子明确提倡："天下有道则见，无道则隐（《论语·泰伯》）。"可见，孔子不仅不反对隐士，他自己本来就应该成为其中的一员。孔子甚至把该做隐士而不做者上升为道德问题。原宪问孔子什么是羞耻，孔子回答说："国家有道，出来做官拿俸禄；国家无道，出来做官拿俸禄，就是羞耻（邦有道，谷；邦无道，谷，耻也《论语·宪问》）。"

孔子的隐士情结也表现在他夸颜回上。根据《论语·述而》，一次在子路在场的场合下，又开始夸颜回了："用了就去干，不用就隐居起来。只有我和你能够做到这样吧（**用之则行，舍之则藏，唯我与尔有是夫**）！"这还引起了孔子和子路之间的一场口角。颜回是孔子最喜欢的学生，大概是因为孔子从颜回身上可以看到自己的影子。

孔子又从美学的高度概括了隐士的生活："**知者乐水，仁者乐山（《论语·雍也》）**。"隐士不就是一帮快乐山水行的人吗？他们自然是智者，仁者，所以孔子才尊敬他们，接近他们，想听取他们的意见。

通过以上的分析，我们知道，正是怀着对隐居生活的无限向往，孔子才会在遭遇隐士们的指责时，表现出格外的宽容。然而，我们不禁要问，既然孔子这么喜欢隐士的生活，那他为什么没有选择隐居，反而走上东奔西走，游说诸侯的道路呢？

孔子对隐居生活有自己独到的见解，下面一段话可以说明他为什么不选择走隐士道路的原因。

孔子说："看见仁义，趋之生怕赶不上；看见邪恶，避之如同手进了开水。我见过这种人，我听过这样的话。以隐居来求得自己的志向，以实行仁义来贯彻自己的主张。我听过这种话，没见过这种人。"（子曰："见善如不及，见不善如探汤。吾见其人矣，吾闻其语矣。隐居以求其志，行义以达其道。吾闻其语矣，未见其人也《论语·季氏》。"）

在孔子看来，以隐居来实现自己的志向，他只听到有人这样说，没见到哪个人做到了。你想，一个人天天与鸟兽为伍，天天畅游于山水之中，饮山泉，食野果，脑子里净得像蓝天一样，顶多有几丝浮云，任何实实在在的东西都不存在了，哪还谈得上什么远大的志向呢？孔子是个有大志向、大担当之人，所以他不能隐居。

孔子的思想很丰富很复杂，不同的学生感受到不同的方面，就会选择不同的生活道路。原宪感受到了孔子的避世想法，所以他在孔子去世时，逃亡到杂草丛生、低洼潮湿的地方，实际上就是个隐士。子贡领会到了孔子有担当的一面，要救世，要惠及众生，所以他经商从政，结果，**常相鲁卫，家累千金**（《史记·仲尼弟子列传》）。子贡和原宪都是忠实于孔子的优秀学生。

孔子一生都在出世隐居和入世为官的矛盾中挣扎，然而他还是把生命中的主要精力投入到传播自己的政治主张、唤醒无道的社会中。孔子为什么会做出这样的选择，他的身上究竟有哪些常人所不具备的特殊素质，在推动着他从事这项影响深远的伟大事业呢？

孔子看见水，首先不是欣赏它的美，而是感到时光的流逝，时不我待：**子在川上曰："逝者如斯夫！不舍昼夜**（《论语·子罕》）。"孔子看到青松，不是欣赏它的婆娑多姿，而是想到它的品格："**岁寒，然后知松柏之后彫也**（《论语·子罕》）。"孔子对一水一木的态度，背后就是他的志向啊！

中原大地，在两千五百年前的生态环境，一定要比今天好得多，到处应该是好山、好水、好风光。孔子一行周游列国，用今天的眼光看，也可以说是出国旅行，游山玩水。但是孔子虽然爱山爱水，一点儿都不从容，从来没有停下匆忙的脚步，欣赏一下大自然的美景。他们总是显得那么紧迫，那么不安，因为他们认为太多太多的社会问题等待着他们去解决。孔子也不是不想啊，你看曾皙提了一个小小的春游计划，和一帮同龄人，再带几个小孩，穿着春天的服装，迎着和煦的东风，到河边游游泳，唱唱歌，就让孔子如此激动不已："我赞成阿点的想法呀！"这是任何一个普通人都可以做到的事情，然而对这位有担当的伟人来说，就是很奢侈的生活。

隐士们都在躲避孔子、排斥孔子、挖苦孔子，但是有一个人很另类，他就是《论语》所说的"仪封人"。有种说法，这不是一个真实的人名，而是指封在仪地的官员。请看：

仪封人请见，曰："君子之至於斯也，吾未尝不得见也。"从者见之。出，曰："二三子何患於丧乎？天下之无道也久矣，天将以夫子为木铎。"（《论语·八佾》）

这个仪封人也是在关注着社会，所有的君子来到他这个地方，他都会珍惜这个机会，向他请教。所以这个仪封人也应该是见多识广，了解各个"君子"为医治社会问题而开的药方。他与孔子一番促膝谈心，出来满怀信心地跟孔子的弟子讲："你们不要担心失去什么。天下黑暗无道已经很久了，天将把你们先生当成木铎。"仪封人用的是比喻，话并不好懂，对此后世有各种各样的解读。尽管说法不一，但是，仪封人的话是积极的、乐观的。木铎，一种铜质木舌的大铃，古代宣布政令或在战事中使用。鲍鹏山先生的解释是，这里是用木铎比喻孔子将能起到凝聚人心的作用。我的看法与鲍先生的有所不同，木铎主要指的是唤醒世人的警觉，避免被黑暗无道的社会所吞噬。也就是说，仪封人认为孔子的使命主要在"唤醒"而不是"凝聚"。不论在当时还是在后世，孔子从来都没有起到凝聚人心的作用，但是他确实起到了唤醒世人的作用，特别是对那些有识之士、志士仁人，他们不仅认识到了社会的黑暗，也以苍生为己任，以民间思想家的身份，来思考无道社会的出路问题，结果演绎出了横跨三百余年的先秦诸子百家争鸣。这是中国思想文化的黄金时期，而孔子则是开先河者。所以孔子的贡献，远远超越他的著述，也远远不限于他的时代。

孔子有强烈的使命感，更重要的是，他拥有实现自己志向坚定不移的精神。孔子称赞伯夷、叔齐"不降其志，不辱其身（《论语·微子》）"，又说"三军可夺帅也，匹夫不可夺志也（《论语·子罕》）"，孔子不仅说到而且也做到了。你看，在陈蔡被围困期间，弟子们饿得都站不起来了，子贡提议能不能降低些标准，让诸侯能够接受，孔子坚决不答应，而且还批评子贡志向不够远大。在卫国，卫灵公把色放在第一位，与南子同车，而把德放在第二位，让孔子座驾随后，孔子立马就走，毫不眷恋职位。孔子的人格魅力，就像严冬的青松，好大一棵树，任你狂风呼，风雨中你昂起首，冰雪压不服，你把绿色的祝福带给了人间，留给了历史。

孔子周游列国，跟我们今天出国旅行、逛世界是大不一样的。我们看到国外的风土人物，除了新鲜、好奇外，不会想到那里的事情与我们有关，我们也不会想去管人家的事情，因为想也没用。即使已经定居国外，拿了人家护照，也是这种心态，只要自己的小日子过得安逸就行，谁会想到去管人家的闲事。比如，方今旅居法国的中国人士不少，谁会因为法国总统萨科齐找了模特布吕尼，愤而辞去高薪的工作，到意大利去谋职？可是，孔子脑子里早就有了"好大一个家，家里养了两条龙，是长江和黄河"。你看，孔子不仅认为诸侯国的工作岗位，他有同等的权力去竞争，诸侯国君的毛病，他有同等的权力去批评，诸侯国的社会问题，他有同样的责任去解决。而且，他的学院一开始就是"国际化的"，哪个国家的学生都

> 孔子的人格魅力，就像严冬的青松，好大一棵树，任你狂风呼，风雨中你昂起首，冰雪压不服，你把绿色的祝福带给了人间，留给了历史。

有，并不是山东省的地方院校。所以，读孔子就能读出"一个家"的感觉。

不管遭遇什么样的挫折，始终坚守理想，以积极的姿态去改造社会，是孔子的可贵之处。这种勇气与坚韧，千百年来成为中华民族宝贵的精神财富。孔子之所以被推崇为圣人，无疑与他这种伟大的人格力量有关。

夫子如果不是为了天下，他很可能就是一个隐士。

后人敬仰孔子，因为他有大志向、大担当。

孔子生命的最后五年

孔子的一生都想从政，然而事与愿违，他五十四岁那年开始了长达十四年的颠沛流离的生活。他带着弟子们先后去了卫、宋、曹、陈、蔡、楚等国，宣扬自己的仁政主张，却始终得不到重用。公元前484年，六十八岁的孔子结束流浪生活，回到鲁国。虽然不被鲁国当权者任用，但在他生命的最后五年，孔子完成了人生最华彩的一章。这五年他做了些什么？为后世留下了些什么？

孔子的人生是充实的人生，求学、从政、办教育、编纂典籍。他这样做的背后动力就是："君子疾没世而名不称焉（《论语·卫灵公》）。"就是说，好男儿要青史留名。孔子说这句话的背景是，他六十八岁回到鲁国，结束了十四年的颠沛流离生活。《史记·孔子世家》还记录了上句话的前后文："弗乎弗乎，君子病没世而名不称焉。吾道不行矣，吾何以自见于后世哉？"显然，孔子已经知道，他的道行不通了，所以要寻求一个给后世留名的途径，那就是发奋著述。这说明他的人生态度有了根本的转变，虽然他与鲁国的最高层接触仍然紧密，孔子也不再求官（孔子亦不求仕《史记·孔子世家》）。

孔子晚年在鲁国政坛扮演相当重要的角色，相当于政治顾问或者资政，鲁哀公对他信任有加，关爱有加，经常向孔子请教政治上的问题，还很关心孔子学院的发展。

鲁哀公向孔子请教政治，孔子回答："政在选臣（《史记·孔子世家》）。"鲁哀公又问："何为则民服？"孔子回答："举直错诸枉，则民服；举枉错诸直，则民不服（《论语·为政》）。"鲁哀公也很关心孔子学院里的事，问哪个学生学习态度最好，孔子回答："有颜回者好学，不迁怒，不贰过。不幸短命死矣！今也则亡，未闻好学者也（《论语·雍也》）。"不仅如此，鲁哀公对孔子学院的毕业生也是非常信任的。一次哀公向言语科优秀生宰予请教一个历史知识，问宰予祭祀土地神的牌位用什么木料。宰予回答说："夏后氏以松，殷人以柏，周人以栗，曰使民战栗（《论语·八佾》）。"回答全面，且富于想象力，孔子学院的学生素质就是不一般！

冉有做季康子的总管表现突出，并向季康子毫无保留地推荐自己的老师，季康子这才决定把孔子从卫国请回来。季康子对孔子就是两个字：崇拜，什么问题都问。他向孔子请教政治问题，孔子回答说："政者，正也。子帅以正，孰敢不正（《论语·颜渊》）？"孔子不仅告诉他政治道德，还趁机教他些语文知识。连治安上的事情季康子也搞不定，向孔子请教如何防盗，孔子回答说："苟子之不欲，虽赏之不窃（《论语·颜渊》）。"孔子每次回答季康子的问题，都是话中有话，含有劝诫之意，政治家自己要身正，自己不要贪婪。

季康子还盯着孔子学院这个人才库，向孔子询问每个学生的政治才华。孔子非常自豪，我的学生各有特色，多才多艺，个个都行。下面是《论语·雍也》的一段对话：

季康子问："仲由可使从政也与？"（仲由，可以让他治理政事吗？）

子曰："由也果，于从政乎何有？"（仲由果断勇敢，治理政事有什么困难呢？）

曰："赐也可使从政也与？"（端沐赐，可以让他治理政事吗？）

曰："赐也达，于从政乎何有？"（端沐赐通达事理，治理政事有什么困难呢？）

曰："求也可使从政也与？"（冉求，可以让他治理政事吗？）

曰："求也艺，于从政乎何有？"（冉求多才多艺，治理政事有什么困难呢？）

当时社会上就有一些人纳闷，孔子这么懂政治，又为政坛输送这么多人才，因此就问孔子："你为什么不从事政治呀（子奚不为政）？"孔子则回答道："《尚书》上说：'孝呢，孝顺父母，友爱兄弟，把这种风气推广到政治上去。'这也是从事政治呀,为什么只有做官才算从政呢(《书》云:'孝乎!惟孝,友于兄弟,施于有政。'是亦为政,奚其为为政《论语·为政》)?"孔子这句话应该指的是他最后五年在鲁国的情景,虽然没有官职,但实际上在影响着政治。

所以说,孔子晚年的政治成就感也是不低的,虽然他没有官职。

孔子对后世政治的影响,或者说今天的政治应该特别值得借鉴的地方,就是他开创了"官学互动"的传统,向后世示范教育界与政治界之间如何良好互动。孔子自己就是,有官做就去做,没有官做就办教育,教书育人。孔子的弟子也不少是如此,在所有弟子中,子路是政界和学校之间互动最活跃的弟子,可以说是三进三出。他先到孔子门下学习,然后做了季氏的大管家;孔子周游列国,子路弃官跟随孔子游学;子路后来又到蒲这个地方做官,中间又回来跟孔子学习。他死之前是在卫国任政。结果,子路这种反复学习和多次实践,使得他在孔门中政绩最为突出,列为"政事"科的两名最优秀的代表之一。

大家都知道孔子说过这么一句话:"不在其位,不谋其政(《论语·泰伯》)",但是不一定有多少人能准确了解孔子这句话的真正含义到底是什么。如果理解成,我不做官,我就不关心政治,不参与政治,不影响政治,或者说不干涉政治,那就与孔子的原意出入很大了。这里,"谋"为"谋划","其"指某个特定的政治家。孔子的真正意思是,不主动为在某个岗位上的政治家出谋划策,更不主动指出他们执政的弊端。孔子也确确实实做到了这一点。根据现有的史料,孔子虽然谈论了各种各样的政治问题,但是没有哪一次是他主动为哪位国君或者大夫提建议的,也没有亲自上门指点迷津的,在鲁国如此，在其他诸侯国也是如此。这不仅表现了孔子的修养之高，而且也是他在洞悉执政者的人心之后所作的明智选择。古今官场的一个不变的情况是，自以为是的执政者多，虚怀若谷的执政者少。这样，一个人如果直接指出执政者的执政弊端，效果可能适得其反，要冒很大的风险，甚至危及说话者的人身安全。

其实，很多时候，即使孔子对当时的政治弊端已经了然于心，然而国君不问，他不会主动说；即使国君问了，孔子也不马上指出，因为他怕问题太尖锐了，国君一下子受不了，把关系搞僵，接下来的事情就不好办了。最能说明问题的是孔子三十五岁左右到齐国求官这一次。根据《礼记·檀弓》记载，孔子一行路过齐国界内的泰山一侧，听到一个妇人哭得十分忧伤。孔子立起身来靠在横木上，派遣子路去问讯那个妇人。子路问道说："你哭得那么伤心，的确看上去很忧愁的。"那个妇人说："没错，以前我的公公被老虎吃了，后来我的丈夫也被老虎吃了，现在我的儿子又被老虎吃了。"孔子问："那为什么不离开这里呢？"妇人回答说："这里没有苛捐杂税。"孔子跟他的弟子说："你们记住，苛刻的暴政比老虎还要凶猛可怕！"这就是"苛政猛于虎"这一典故的出处。

孔子到了齐国，很快得到了齐景公的接见。齐景公第一次向孔子问如何搞好政治，孔子并没有提他在路上的所见所闻，而是说了"**君君，臣臣，父父，子子**"这个比较柔情的建议。齐景公听后，拍手叫好，说"如果天下没有秩序，即使有好吃的，我能吃到嘴边吗？"又过了几天，齐景公第二次向孔子问政时，孔子才说了"**政在节财**"，非常婉转地劝说齐景公，控制政府的开支，减轻百姓的负担，也没说出"**苛政猛于虎**"的残酷现实。这要搁子路，劈头盖脸就会痛斥齐景公不仁不义，致使民不聊生。齐景公如果修养好的话，一笑置之，把你打发走；如果是个暴君的话，黎叔生气了，后果很严重。只会逗勇者，往往是小事办不成，大事弄砸了。

但是，如果执政者主动向孔子讨教，孔子从来没有推辞过，都是竭诚奉献，努力提建议。鲁国的三代国君和大臣都向孔子问过政，孔子从来没有说过，这是你们的职责，不关我事，也没有抱怨你们这帮无能之辈应该自己下课，让我来做。

孔子既然所办的学校是政法性质的，为政界培养人才，那么他就必须关注政界的大小事情。《论语·子路》对此有一个详细的记载。一次冉有从朝上回来，孔子问他："怎么回来这么晚呢？"冉有说："有政事缠身。"孔子则说："不过是一些具体的事务罢了。别蒙我了，如果有重要的政事，虽然我不参与朝政，但是我一定会听说的。"那时既没有报纸，又没有互联网，朝廷里的大事，孔子都能掌握，这是相当不容易的。这里也透露出一个讯息，冉有一边在孔子学院读书，一边在朝廷里做工。

孔子对于国家大事则是当仁不让，甚至有时越俎代庖，直接行使国君的权利。最典型的案例就是孔子周游列国十四年后回到鲁国的时候，遇到齐国田常作乱，领兵来攻打鲁国。孔子紧急召集弟子，说鲁国是我们的父母之国，危在旦夕，看谁能够挺身而出，挽救鲁国。结果子贡出使齐、吴、越、晋四国，完成了一次漂亮的外交使命，最后保住了鲁国。《史记·孔子世家》对此有详细的记载，但是孔子并没有提这是鲁哀公委派他的使命。这时鲁哀公自己恐怕也是束手无策，孔子很可能出于"国家有难，匹夫有责"这样的爱国情怀而做出这次果敢的决定。

孔子还对这种官学互动作了理论概括："仕而优则学，

学而优则仕（《论语·子张》）。"注意，这里的"优"不是今天所说的"优秀"，而是"优裕"，有多余的时间和精力。他强调，做官的如果有充裕的时间，应该是读读书，提高提高自己的知识；而读书的如果有充分的时间，可以去做官，增加社会实践经验。这样政治家就可以及时充电，避免脑子僵化，政策长期失误；学者则可以及时修正自己的理论，避免出现只会纸上谈兵的空想理论家。

官学互动，这也是当今美国的政治和教育的运作方式。拿一个我切身感受的例子来说明。小布什执政这八年，一直是赖斯做国务卿。我从1996年到1999年在斯坦福大学读博士期间，赖斯是政治系的教授，同时兼任学校的教务长。按照斯坦福的体制，教务长就是大学的二把手。赖斯既有理论水准，又有管理经验，当然与小布什的政治理念相同，就成了美国第二把手的不二人选。一朝皇帝一朝臣，民主党的奥巴马执政，自然用与自己政治理念相同的希拉里做国务卿，赖斯就回到斯坦福重新教书。

通常说"教学相长"，其实对于一个国家的政治和大学的政法系来说，"官学相长"更重要。从大学里选拔政治家，可以提高政治家的理论水准；政治家回到大学教书，又可以提高教授的实践水平。

十四年的游离生涯，让孔子积累了丰富的人生经验与开阔的胸襟。虽然回到鲁国后还频频接受国君的咨询，但孔子的心思已经不再局限于政治了，他把更多的精力投向了未来。

晚年的孔子理想就更大了，他认识到，政治只能惠及一时一地，文化才能流传千秋万代。孔子对自己文化建设的定位为"述而不作，信而好古（《论语·述而》）"，孔子一直把自己作为古代文化的传承者，只传述而不创作，笃信并且喜爱

> 政治只能惠及一时一地，文化才能流传千秋万代。

古代文献。客观上讲，孔子晚年所做的事情，就是传承；孔子一生的言行就是创作。

孔子对自己最满意的文化建设项目就是《春秋》的编纂。他根据鲁国的史书编订了《春秋》，上起鲁隐公元年（前722年），下止鲁哀公十四年（前481年），共包括鲁国十二个国君。以鲁国为中心记述，尊奉周王室为正统，以殷商的旧礼为借鉴，上承夏、商、周，文辞简约而旨意广博。孔子的写作精益求精，应该写的一定写上去，应当删的一定删掉，就连子夏这些长于文字的弟子，一句话也不能给他增删。让弟子们学习《春秋》。孔子说："后世知丘者以春秋，而罪丘者亦以春秋（《史记·孔子世家》）。"孔子写《春秋》实际上就是一种创作。

孔子晚年最喜欢的文献是《周易》。孔子晚年喜欢钻研《周易》，他详细解释了《彖辞》、《系辞》、《卦》、《文言》等。孔子读《周易》刻苦勤奋，以至把编穿书简的牛皮绳子也弄断了多次。他还说："再让我多活几年，这样的话，我对《周易》的文辞和义理就能够充分掌握理解了（假我数年，若是，我于易则彬彬矣《史记·孔子世家》）。"

中国最早的诗歌总集《诗经》也是孔子编订的。古代留传下来的《诗》有三千多篇，到孔子时，他把重复的删掉了，选取其中合于义的用于礼义教化，最早的是追述殷始祖契、周始祖后稷，其次是叙述殷、周两代的兴盛，直到周幽王、周厉王的政治缺失，而开头的则是叙述男女夫妇关系和感情的诗篇，所以说："《关雎》这一乐章作为《国风》的第一篇，《鹿鸣》作为《小雅》的第一篇；《文王》作为《大雅》的第一篇；《清庙》作为《颂》的第一篇。"三百零五篇诗孔子都能演奏歌唱，以求合于《韶》、《武》、《雅》、《颂》这些乐曲的音调。可惜，孔子给《诗经》每一篇谱的曲我们已经无法看到了，否则那也是一份珍贵的文化遗产。

孔子对鲁国乐坛的贡献也不容忽视。孔子曾对鲁国的乐官太师说："音乐是可以通晓的。刚开始演奏的时候要互相配合一致，继续下去是节奏和谐，声音清晰，连续不断，这样直到整首乐曲演奏完成。"孔子又说："我从卫国返回鲁国之后，就开始订正诗乐，使《雅》、《颂》都恢复了原来的曲调。"

孔子对古代礼仪制度的整理，也是他文化建设中的一部分。孔子的时代，周王衰微，礼崩乐坏，《诗》、《书》也残缺不全了。孔子探究夏、商、西周三代的礼仪制度，编定了《书传》的篇次，上起唐尧、虞舜之时，下至秦穆公，依照事情的先后，加以整理编排。孔子说："夏代的礼仪制度我还能讲出来，只是夏的后代杞国没有留下足够证明这些的文献了。殷商的礼仪制度我也能讲出来，只是殷商的后代宋国没有留下足够证明这些制度的文献了。如果杞、宋两国有足够的文献，我就能证明这些制度了。"孔子考察了殷代继承夏代对礼仪制度所作的增减之后说："将来即使经过百代，那增减的也是可以预知的，因为一种是重视文采，另一种是重视朴实。周代的礼仪制度是在参照了夏代和殷代的基础上制定的，多么丰富多彩呀，我主张用周代的礼仪。"《书传》和《礼记》都是孔子编定的。

孔子也完成了被称为"六艺"的《诗》、《书》、《乐》、《易》、《礼》、《春秋》。

孔子整理编纂的典籍是中华文化的瑰宝，支撑他从事这些文化建设背后的精神力量，就是"君子疾没世而名不称焉"。这种精神激励着后来多少志士仁人，创造了光芒四射的中华文化。

晚年孔子对文化典籍的整理，为中华文明留下了辉煌的一笔。这也是孔子后来被尊奉为文化巨人，入选世界文化名人最重要的理由。同时，他自身的言行和经历，也成了后世学人学习的榜样。

本书写作所依据的最重要的史料《史记》，它的作者司马迁就是在孔子这种精神激励下，完成这部"史家之绝唱"的巨著。司马迁写《史记》是以孔子的担待为己任的。司马迁在《史记》的最后《太史公自序》讲述了他的心路历程，他忍辱负重、发愤著述的精神就是直接受孔子的影响：

先人有言："自周公卒五百岁而有孔子。孔子卒后至于今五百岁，有能绍明世，正《易传》，继《春秋》，本《诗》、《书》、《礼》、《乐》之际？"意在斯乎！意在斯乎！小子何敢让焉。

是岁天子始建汉家之封，而太史公留滞周南，不得与从事，故发愤且卒。而子迁适使反，见父于河洛之间。太史公执迁手而泣曰："余先周室之太史也。自上世尝显功名于虞夏，典天官事。后世中衰，绝于予乎？汝复为太史，则续吾祖矣。今天子接千岁之统，封泰山，而余不得从行，是命也夫，命也夫！余死，汝必为太史；为太史，无忘吾所欲论著矣。且夫孝始于事亲，中于事君，终于立身。扬名于后世，以显父母，此孝之大者。夫天下称诵周公，言其能论歌文武之德，宣周邵之风，达太王王季之思虑，爰及公刘，以尊后稷也。幽厉之后，王道缺，礼乐衰，孔子修旧起废，论诗书，作春秋，则学者至今则之。自获麟以来四百有余岁，而诸侯相兼，史记放绝。今汉兴，海内一统，明主贤君忠臣死义之士，余为太史而弗论载，废天下之史文，余甚惧焉，汝其念哉！"迁俯首流涕曰："小子不敏，请悉论先人所次旧闻，弗敢阙。"

公元前479年四月十一日，73岁的孔子与世长辞，他的身后留下了六部经典和三千弟子，以及难以计数的事迹和言论，后人根据他和弟子们的言行，编纂成了语录体的儒家经典《论语》。好男儿名留青史，孔子以自己一生的不懈追求和知其不可为而为之的理想主义精神，实践了自己的理想，一直影响到今天。

最后，让我套用《论语·子罕》达巷党人的那句话："大哉孔子！博学而无所成名"来结束此书：

大哉，孔子！惠及万代而无所限。

> 好男儿名留青史，孔子以自己一生的不懈追求和知其不可为而为之的理想主义精神，实践了自己的理想，一直影响到今天。

附录一：孔子年谱[1]

公元前	年龄	事迹
五五一年	一	九月二十八日，孔子诞生于鲁国昌平乡的陬邑。名丘字仲尼。
五四九年	三	父亲叔梁纥因病去世。
五三七年	十五	入乡党小学读书。
五三六年	十六	郑国子产将刑书铸在金鼎上，成为中国第一部成文法典。
五三三年	十九	娶宋国丌官氏为妻。
五三二年	二十	长子孔鲤出生。因家贫而出任委吏、乘田小官。
五二八年	二十四	母亲征在因操劳过度而病逝。
五二五年	二十七	学古官制于郯子。
五二三年	二十九	向襄学习琴艺。
五二二年	三十	年三十而能自立自守。
五一七年	三十五	鲁国三桓氏攻击鲁昭公，昭公出奔。孔子适齐。
五一六年	三十六	在齐国听到优美的韶乐，立即拜师学习。
五一五年	三十七	齐大夫想谋害孔子，孔子自齐返鲁。
五〇五年	四十七	季氏家臣阳虎作乱，欲聘任孔子，为孔子所拒。

---

[1] 引自曲阜政府孔子宣传网。孔子年谱的版本很多。我们参照史书的有关记载，特别是《史记·孔子世家》，这个年谱既简洁又准确，故转录于此。

五〇一年	五十一	孔子出任鲁国中都宰。
五〇〇年	五十二	孔子升任司空。不久又转任司寇。齐、鲁会盟于夹谷，孔子佐鲁定公参与会议，获得外交上的胜利。
四九九年	五十三	由中都宰升为司空。
四九八年	五十四	由司空升为司寇。向鲁定公进言，拆除三都。
四九七年	五十五	齐国施用美人计，献美女给鲁君，孔子见国事无望，毅然离开鲁国。
四九六年	五十六	孔子前往卫国，居留十月。后打算到陈国，路经匡城时受困。后又重返卫国。
四九五年	五十七	离开卫国，经巢国到宋国，在宋国遭受桓魋的灾难，便逃到郑国去。
四九三年	五十九	因不愿介入卫国王位之争，遂离开卫国。
四九二年	六十	路过宋国，到达陈国。
四九〇年	六十二	到卫国。
四八九年	六十三	从陈国前往蔡国时，被守城兵士所困，几至断粮。后又返回卫国。
四八四年	六十八	齐发兵攻打鲁国，被冉有击败。孔子返回鲁国。
四八三年	六十九	独子孔鲤卒。
四八一年	七十一	鲁哀公西授获麟。颜回病故。
四八〇年	七十二	卫国内乱，子路在卫国殉职。
四七九年	七十三	四月乙丑日，孔子病逝。葬于鲁城北方的泗水边。

附录二：孔门花名册

本书既然叫《非常师生——孔子和他的弟子们》，就应该有一个孔子学院的花名册。关于孔子弟子的人数，《史记》中有两种说法：一、《仲尼弟子列传》的第一句话为：孔子曰："受业身通者七十有七人"，皆异能之士也。这是孔子亲口说的，受业弟子为七十七人，"受业"就是正式拜为弟子、系统接受教育的学生。二、《孔子世家》则记载：孔子以诗书礼乐教，弟子盖三千焉，身通六艺者七十有二人。如颜浊邹之徒，颇受业者甚众。这里说弟子三千，"身通六艺者"共七十二人。两者出入很大。后一种说法可能包括所有听过孔子讲学的人，包括相当于现在大学的旁听生、走读生、自考生，甚至社会上文化爱好人士。此外，"七十七人"的说法比较可信，"七十二人"的说法与中国的数字文化有关，它是"九"的"八"倍。唐僧西天取经，经过了八十一难，这是"九"的"九"倍。

下面的花名册是根据《史记·仲尼弟子列传》整理而成，详略不一。唯顺序上有所调整，凡有年岁信息者，皆按长幼排序，余者皆按原来顺序罗列。

仲由，字子路。少孔子九岁。

颜无繇，字路。路者，颜回父，父子尝各异时事孔子。

闵损，字子骞。少孔子十五岁。

颜回，字子渊。少孔子三十岁。

冉耕，字伯牛。

冉雍，字仲弓。

冉求，字子有，少孔子二十九岁。

商瞿，字子木。少孔子二十九岁。

梁鳣，字叔鱼。少孔子二十九岁。

宰予，字子我。

宓不齐，字子贱。少孔子三十岁。

高柴，字子羔。少孔子三十岁。

巫马施，字子旗。少孔子三十岁。

端沐赐，字子贡。少孔子三十一岁。

樊须，字子迟。少孔子三十六岁。

澹台灭明，字子羽。少孔子三十九岁。

公西赤，字子华。少孔子四十二岁。

有若，少孔子四十三岁。

言偃，字子游。少孔子四十五岁。

卜商，字子夏。少孔子四十四岁。

颛孙师，字子张。少孔子四十八岁。

曾参，字子舆。少孔子四十六岁。

颜幸，字子柳。少孔子四十六岁。

原宪，字子思。

公冶长，字子长。

南宫括，字子容。

公皙哀，字季次。

曾蒧，字皙。

漆雕开，字子开。

公伯缭，字子周。

司马耕，字子牛。

冉孺，字子鲁，少孔子五十岁。

曹恤，字子循。少孔子五十岁。

伯虔，字子析，少孔子五十岁。

公孙龙，字子石。少孔子五十三岁。

冉季，字子产。

公祖句兹，字子之。

秦祖，字子南。

漆雕哆，字子敛。

颜高，字子骄。

漆雕徒父。

壤驷赤，字子徒。

商泽。

石作蜀，字子明。

任不齐，字选。

公良孺，字子正。

后处，字子里。

秦冉，字开。

公夏首，字乘。

奚容箴，字子皙。

公肩定，字子中。

颜祖，字襄。

鄡单，字子家。

句井疆。

罕父黑，字子索。

秦商，字子丕。

申党，字周。

颜之仆，字叔。

荣旗，字子祈。

县成，字子祺。

左人郢，字行。

燕伋，字思。

郑国，字子徒。

秦非，字子之。

施之常，字子恒。

颜哙，字子声。

步叔乘，字子车。

原亢籍。

乐欬，字子声。

廉絜，字庸。

叔仲会，字子期。

颜何，字冉。

狄黑，字皙。

邦巽，字子敛。

孔忠。

公西舆如，字子上。

公西葴，字子上。

附录三：古代的姓名与称谓[1]

要读懂《论语》，还必须了解古代的姓名称谓系统。光孔子就有多种称谓，比如仲尼、孔丘、尼父等，不同的人必须按照当时的姓名礼仪称呼孔子。孔子的弟子的名姓，老师称呼学生，同学称呼同学，学生称呼自己，叙述文字，各有不同，表面上很复杂，但是如果了解古代的称谓系统的话，一切都变得井然有序。下面简单介绍古代的姓名与称谓。

上古有姓有氏。姓是一种族号，氏是姓的分支。由于子孙繁衍，一族分为若干分支散居各地，每支有一个特殊的称号作为标志，这就是氏。例如旧说商人的祖先是子姓，后来分为殷、时、来、宋、空同等氏。这样，姓就成了旧有的族号，氏就成了后起的族号。姓和氏是既有区别又有联系的。

周王室及其同姓封国，如鲁、晋、郑、卫、虞、虢、吴、燕等国，都是姬姓；异姓封国，如齐是姜姓，秦是嬴姓，楚是芈姓，宋是子姓，越是姒姓，等等。上古同姓不婚，贵族妇女的姓比名更为重要，待嫁的女子如果要加以区别，则在姓上冠以孟（伯）、仲、叔、季，表示排行。例如：孟姜、伯姬、仲

---

[1] 本部分根据王力《古代汉语》（中华书局，2000年版）的《姓名，礼俗，宗法》改编而成。

子、季芈等。

氏的情况比较复杂。诸侯以受封的国名为氏，例如：郑捷（郑文公）、宋王臣（宋成公）等。卿大夫及其后裔则以受封的邑名为氏，例如：屈完、羊舌赤、解狐等；或以所居的地名为氏，例如：南宫敬叔、东门襄仲、北郭佐等；或以官名为氏，例如：卜偃、司马牛。

古人还有以祖先的字或谥号为氏的，例如：孔丘（宋公孙嘉之后，嘉字孔父）、叔孙得臣（鲁公子牙之后，牙字叔）、庄辛（楚庄王之后）等。此外，还有以技艺为氏的，如巫、陶、甄等。

关于姓氏，有几点值得注意。第一，上古称呼妇女可在姓下加"氏"字，例如武姜被称为姜氏。第二，在某些情况下，族和氏是同义词，例如，《战国策·秦策》："昔者曾子处费，费人有与曾子同名族者而杀人"，这里的族也就是氏的意思。第三，战国以后，人们以氏为姓，姓氏逐渐合二为一，汉代则通谓之姓，并且自天子以至庶人就都能有姓了。

古人有名有字。旧说上古婴儿出生三月后由父亲命名。男子二十岁成人举行冠礼（结发加冠）时取字，女子十五岁许嫁举行笄礼（结发加笄）时取字。名和字有意义上的关系。如颜回，字子渊；《说文解字》：渊，回水也。有的名和字是同义词，例如宰予，字子我；樊须，字子迟，须和迟都有待的意思。有的名和字是反义词，例如曾点，字皙。《说文解字》：点，小黑也。引申为污的意思。皙，人色白也。

周代贵族男子的字的前面加伯、仲、叔、季表示排行，字的后面加"父"或"甫"字表示性别，这样构成男子字的全称，例如：仲尼父、伯禽父、仲山甫等。有时候省去"父（甫）"字，例如：伯禽、仲尼、叔向、季路等。有时候省去排行，例如：尼父、禽父、羽父等。有时候以排行为字，例如管夷吾字仲，所以又叫管仲，范雎字叔，鲁公子友字季，不过这种情况比较少见。

周代贵族女子字的前面加姓，姓的前面加孟（伯）、仲、叔、季表示排行，字的后面加"母"或"女"字表示性别，这样构成女子字的全称，例如孟妊车母等。有时候省去"母"字，例如季姬牙；有时候单称"某母"或"某女"，例如寿母、帛女。但是最常见的是在姓上冠以排行，例如孟姜、叔季等。

春秋时男子取字最普通的方式是在字的前面加上"子"字，这是因为"子"是男子的尊称。例如：子贡（端沐赐）、子我（宰予）、子夏（卜商）、子有（冉求）、子渊（颜回）等。这个"子"字也常常省去，直接称颜渊、冉有、宰我等。

古人名和字连着说的时候，通常是先称字，后称名，例如：孔父（字）嘉（名）、叔梁（字）纥（名）等。

古人尊对卑称名，卑自称也称名；对平辈或尊辈则称字。称字不是最尊敬的方式，最尊敬的方式是不称名也不称字，例如孔子在《论语》二十篇中只有《子张》篇称孔子为"仲尼"。以《论语》为例，孔子自称为"丘"，这是谦称；孔子对弟子称名，例如：

求，尔何如？（《论语·先进》）
赤，尔何如？（《论语·先进》）

弟子自称也称名，例如：

由也为之，比及三年，可使有勇，且知方也。（《论

语·先进》）

求也为之，比及三年，可使足民。（《论语·先进》）

弟子当着老师称呼其他弟子也称名，例如：

夫子何哂由也？（《论语·先进》）

记录《论语》的人对孔门弟子一般都称字。例如：

颜渊、季路侍。（《论语·公冶长》）

子路、曾皙、冉有、公西华侍坐。（《论语·先进》）

只有对曾子称子不称字，对有若也有一次称子不称字，所以有人推测《论语》是曾子和有若的门人所编写的。直到后代称名、称字基本上还是依照这个标准。

古代帝王、诸侯、卿大夫、高官大臣等死后，朝廷根据他们的生平行为给予一种称号以褒贬善恶，成为谥或谥号。据说谥号是死者生前事迹和品德的概括，其实，这往往是虚伪的，不符合事实的。但是一个人有了谥号，就等于在名字之外又多了一个别名了。

谥法是给予谥号的标准。谥号是固定的一些字，这些字被赋予特定的含义，用来指称死者的美德、恶德等。谥号大致可以分为三类：

一、表扬的，例如：

经天纬地曰文　　布义行刚曰景
威强睿德曰武　　柔质慈民曰惠
圣闻周达曰昭　　圣善闻周曰宣
行义悦民曰元　　安民立政曰成
布纲治纪曰平　　照临四方曰明
辟土服远曰桓　　聪明睿智曰献
温柔好乐曰康　　布德执义曰穆

二、批评的，例如：

乱而不损曰灵　　杀戮无辜曰厉

三、同情的，例如：

恭仁短折曰哀　　　慈仁短折曰怀

关于名姓的习俗，各个时代又有所变化。上面只介绍了与孔子时代有关的部分，尔后的情况请参考有关的书籍。

图书在版编目(CIP)数据

非常师生:孔子和他的弟子们/石毓智著.—北京:商务印书馆.2010(2022.9重印)
ISBN 978 - 7 - 100 - 07235 - 9

Ⅰ.①非… Ⅱ.①石… Ⅲ.①孔丘(前551~前479)—人物评论②孔丘(前551~前479)—学生—人物评论 Ⅳ.①B222.25②B222.35

中国版本图书馆 CIP 数据核字(2010)第 111652 号

权利保留,侵权必究。

非常师生——孔子和他的弟子们

石毓智　著

商　务　印　书　馆　出　版
(北京王府井大街 36 号　邮政编码 100710)
商　务　印　书　馆　发　行
北京市白帆印务有限公司印刷
ISBN 978 - 7 - 100 - 07235 - 9

2010 年 9 月第 1 版	开本 787×1092　1/16
2022 年 9 月北京第 7 次印刷	印张 17

定价:68.00 元